AF295482

LIVSTYCKEN

Anita Börlin

LIVSTYCKEN

FSC
www.fsc.org
MIX
Papper från
ansvarsfulla källor
Paper from
responsible sources
FSC® C105338

Teckning av livstycke: Berit Henriksson

Copyright © Anita Börlin 2018

Förlag: BoD – Books on Demand, Stockholm, Sverige

Tryck: BoD – Books on Demand, Norderstedt, Tyskland

ISBN: 978-91-7699-975-2

– Det skaver och gör ont, mamma! Jag har just kommit
in genom dörren och börjar ta av mig de tunga pjäxorna
och den tjocka röda vinterjackan.

– Vad är det som skaver? frågar mamma som står vid
spisen. Det luktar stekt fläsk i köket.

– Livstycket skaver på låren där strumpebandshållarna
sitter, klagar jag. Jag har aldrig tyckt om att ha livstycke
men mamma säger att det inte finns något annat sätt att
hålla uppe de tjocka yllestrumporna som man måste ha
på vintern. Mamma tittar på mina ben och ser att det
har blivit skavsår på låren och hon tar fram vaselin och
stryker på.

I dag behöver inga barn använda livstycken. De var stela
och obekväma men praktiska och nödvändiga för att
hålla strumporna uppe. När jag nu kallar mina texter för
Livstycken, handlar det om att hålla ihop livets alla sidor,
alla stycken, de som skaver och de för livet nödvändiga.

Första stycket

Min plats på jorden

Naturen upptäcktes när den förlorades
Hans Ruin

Har inte skäggdoppingarna fått några ungar i år? Jag har under våren följt ett par i sjön och ett i havsviken men inga ungar syns till. Jag förundras dock inte så mycket över det, då deras bon är erbarmligt små och dåliga. Enkla små vassbäddar på vattnet. Minsta lilla blåst kan omintetgöra hela boet med ägg och allt. De anstränger sig intensivt då de utför sina spektakulära parningslekar som kan hålla på hur länge som helst men när de sedan ska bygga boet simmar de en aning ointresserade med ett strå i taget innan de hellre dyker och är länge under vattnet. Man ska inte ägna sig åt antropomorfism och likna djur med människor men nog tycker jag att skäggdoppingarna med sina långa halsar och tjusiga plymer har vissa likheter med självmedvetna människor som hellre ägnar sig åt njutningar än åt att bekymra sig om sin avkomma.

Gräsänderna däremot har fått mängder med ungar och vakar hela tiden över dem. Mamman står helt stilla bredvid och spanar när ungarna tumlar runt och leker. Pappan lyser dock med sin frånvaro. Flera av sothönsparen har också fått ungar men nu undrar jag om ett par tänker skaffa en kull till då de byggt ett nytt bo i vassen där de växlar om att ligga.

Kanadagässen som någon obetänksam svensk importerade på 1950-talet, breder ut sig över badplatserna vid Värtan, som nu är kraftigt förorenade av deras avföring. Massor av ulliga ungar tumlar runt i flocken. Dock undrar jag hur de vakar över dem då jag en morgon i strandkanten ser en ensam gnällande unge. Inte en enda vuxen gås finns i närheten.

Flera svanpar stylar högfärdigt runt både i Rönningesjön och i Värtan. Några av dem har fått ungar som nu börjar bli stora och tappa sina ulliga fjädrar. Jag är nu på sommaren ute tidigt före klockan sju och då sover de oftast, hoprullade som stora vita klot i vattnet. Även gräsänderna sover ibland som små fjäderhögar på bryggorna eller på gräset. Jag är tydligen piggare än andra delar av naturen.

Jag går in i skogen och där är det nu ganska tyst. Någon enstaka bofink hörs och någon koltrast sätter sig som vanligt i toppen på ett träd och sjunger fortfarande skönt. Näktergalen har tystnat sedan länge och jag saknar dessa fantastiska vårmorgnar när denna lilla oansenliga fågel med sin helt overkliga sång kan få mig att stå stilla länge. Skatorna, dessa äventyrliga fåglar, finns överallt. När jag går genom den lilla gården är de i full färd med att jaga katten.

Två skator springer på marken och flyger lågt och katten försöker på alla sätt att komma undan. De kraxar högt och verkar ha riktigt roligt, mobbing på hög nivå. Skatparen lever i en livslång gemenskap och bygger varje år på sina bon som blir allt högre och större. Jag ser dem som levnadskonstnärer, vackra och kloka men inte alltid så snälla.

Jag fortsätter min promenad och möter två skuttande harar, ett gloende rådjur, en räv med magnifik svans och en morgon t o m en grävling på stigen. Jag är en del av detta, tänker jag, en del av naturen men i dessa sammanhang endast betraktare, inte deltagare. Jag står utanför detta pulserande liv som levs i skogen och vid sjön. Jag går hem till mig själv och där finns bara jag.

Jag tänker på min plats i naturen. Vi som lever på jorden har många likheter. Alla kommer vi från samma urcell och består alla av dessa förunderliga byggstenar som innehåller allt det vi behöver för våra liv. Där finns proteinerna som ger energi och där finns DNA som styr hela maskineriet. Växterna har egentligen de mest komplicerade cellerna då de själva tillverkar sin föda av solljus, koldioxid och vatten medan vi djur måste inhämta denna utifrån. Bin och humlor pollinerar växter som är föda för oss djur men som nu minskar snabbt i antal p g a att gifter sprids i naturen och många växter som de lever av har försvunnit. Vi människor tror fortfarande att vi är herrar över jorden men vi måste nog snart inse att allt hänger samman och att vi snart håller på att förgöra oss själva.

En vetenskaplig studie från Kanada som redovisas i Science visar att människan är ett unikt rovdjur som dödar 14 gånger fler vuxna individer bland bytesdjuren jämfört med andra rovdjur, som oftast dödar svaga och sjuka djur. Människan däremot dödar de största och friskaste djuren och det är i längden förödande för den biologiska mångfalden. Forskarna menar att homo sapiens har en unik ekologi och att vi måste lägga band på vårt överskottsdödande för att inte stora delar av jordens fauna ska gå förlorad. Jorden kommer att finnas kvar men vi är inte viktiga utan kan med fördel försvinna, för då kan kretsloppet fortsätta på ett bättre sätt utan oss. Evolutionen kan frambringa liv som bättre än människosläktet förstår hur sammanhangen ser ut.

På detta tänker jag, när jag just nu läser filosofen Spinoza. Jag stötte på honom för flera år sedan men tog fram honom igen nu, när jag började fundera på mitt beroende av naturen och min hemkänsla bland djur och växter som jag mer och mer lär känna med namn och levnadssätt. Jag vill lära mig allt om dem för att komma med i gemenskapen men de bryr sig inte om mig. Djuren flyr när jag kommer men växterna kan jag studera nära och träden kan jag krama. Vad är denna känsla som är så viktig för mig, denna dagliga stund i naturen som får mig lugn och redo för dagen, som tar bort en del av den oro som alltid finns inom mig? Det är ingen religiös upplevelse eftersom jag inte tror på någon Gud som skapat allt och sitter någonstans och bevakar hur vi sköter oss. Men det är någon slags kraft jag får när jag tar in allt levande omkring mig och är en del av detta.

Jag ser hur livet kommer och går genom årstiderna och får perspektiv på mig själv och mitt korta liv på jorden. Vi homo sapiens är ju mycket unga, bara ca 200 tusen år i perspektiv av jordens ålder 4,6 miljarder och universums 13,6 miljarder år.

Spinoza trodde inte på någon Gud som skapat jorden och oss. Hans idé var att naturen är Gud, att vi alla levande varelser är en helhet, en substans som han kallar Gud. Allt hänger ihop och och denna substans som han benämner alltet, är orsak till sig själv och allt sker av nödvändighet. Han trodde inte på någon skapare eller på någon personlig Gud som straffar eller hjälper människan. Bibeln var enligt honom ett verk av människor utifrån deras föreställningar och deras tid. Spinoza var jude och levde i 1600-talets Amsterdam men på grund av sina åsikter blev han bannlyst och utesluten ur den judiska församlingen. Han blev bara 44 år men hann tänka tankar och formulera idéer som fortfarande lever och som filosofer och många andra stora tänkare använt sig av. Marx och Freud är bara två exempel. Den norske filosofen Arne Naess bygger sin ekosofi, som är en blandning av ekologi och filosofi på Spinoza. Varken Spinoza eller Naess var några flummiga naturdyrkare.

Alla Spinozas skrifter bygger på ett strikt vetenskapligt system. Han lade fram sina teorier om Gud, religionen, etiken, politiken, om förståndet, friheten, kärleken och döden, ja om allt som rör ett människoliv. Han skriver som en naturvetare genom att först lägga fram sina teorem och sedan bevis som styrker hans teser. Det tar sin tid att tränga in i hans värld. Långt före Darwin och före upptäckten av cellen såg han hela naturen som en helhet, allt levande i ett nödvändigt sammanhang utan något gudomligt ursprung. Han bevisade också på sitt sätt fördelarna med att alla fritt får uttrycka sin åsikter i ett styre utan enväldiga härskare och utan kyrkans inblandning i politiken. Han var på många plan långt före sin tid. Jag fortsätter min läsning och kanske kan mitt förstånd förbättras som han skriver om i en liten skrift som han kallar "Förståndets förbättring".

Det har gått några veckor sedan jag skrev de första sidorna om min morgonpromenad. Nu är det än tystare i skogen men jag får en morgon syn på att ett av skäggdoppingparen har en unge i släptåg som de matar. Sothönsen har inte fått några ungar men båda två ligger kvar i boet som nu verkar ha blivit deras barnlösa hem. Tornseglarna flyger lågt i akrobatiska virvlar nära mitt huvud. Kanadagässens ungar har blivit stora och bidrar nu till den allmänna nedsmutsningen av stranden. Grönskan är på vissa ställen nästan ogenomtränglig och jag hittar inte längre några nya okända växter. Hela naturen väller fram i sin frodighet och jag känner mig inte riktigt i fas. Jag har inte genomgått denna metamorfos som allt annat levande har gjort. Jag känner att jag inte riktigt hör hemma i det naturliga kretsloppet. Jag lever i den artificiella människovärlden och tillhör inte helt och fullt den helhet, den substans som Spinoza skrev om. Jorden klarar sig bra utan mig.

Andra stycket

Tiden

Det enda jag försöker är att döda tid där det finns
tid och skapa tid där det inte finns tid
Lars Norén

Hur gammal är du? Hur länge jobbade du? När gifte du dig? När fick du barn? När flyttade du hit?

När jag svarar på alla dessa frågor om tiden skapas en bild av mig, av vem jag är i den yttre världen. Jag är 75-årig kvinna som bott på samma ställe de senaste 30 åren, som jobbat större delen av livet, som varit gift och som fött en son. En ganska ytlig bild men ändå upplysningar som anses viktiga i vår verklighet. Tiden är viktig, den tid som mäts med klockan och almanackan. Den tiden går säger vi och den går allt fortare ju äldre vi blir, tycker vi.

Modern gerontologi har kommit med nya rön angående denna acceleration av den s k civila tiden i förhållande till organismens upplevda tid, inre och yttre tid stämmer inte. Experiment har visat att det kan bero på dopaminhalten i blodet. När man blir äldre minskar dopaminhalten vilket gör att det känns som om tiden går fortare. Psykologer har på ett annat sätt förklarat det hela med att äldre är så vana vid livets alla händelser att de inte längre gör några tydliga avtryck. Det finns t o m ekvationer som försöker fånga hur tidsuppfattningen förändras över livet. Matematiskt förklaras det så att året för en fyraåring är en fjärdedel av barnets tid medan året för en sjuttiofemåring som mig är en sjuttiofemtedel av mitt liv, alltså väsentligt kortare. För mig betyder det att mina ca tio kvarvarande år kommer att flyga fram i allt snabbare takt och min fråga till mig själv blir då hur jag ska använda den tiden?

Redan i grekernas skapelseberättelse möter vi Tiden som personifieras av titanen Kronos som slukade sina egna barn och kastrerade sin egen far. En fruktansvärd figur som höll människorna i slaveri och som avbildas som ett monster i konsten. Den tiden var den tid som mäts i minuter, timmar, dagar och år. Dock fanns en annan tid, Kairos som var en vacker yngling med vingar på hälar och rygg. Den tiden är stunden, den upplevda tiden och ögonblicken av glädje, sorg, extas som vi ibland kallar kvalitetstid i stället för Kronos kvantitetstid. Kronos som symbol för tiden känner vi alltför väl igen då vi hela tiden jagas och plågas av den tid som aldrig räcker till. Mera sällan känner vi av Kairos.

Jag funderar över hur jag har använt tiden under mitt liv. Har det bara varit Kronostid eller finns några ögonblick av Kairos. Jag återvänder till Janbråten, den lilla jordbruksfastighet långt borta i skogen i Värmland, där jag växte upp. Jag vaknar av solen som skiner in genom fönstret och hoppar snabbt upp ur sängen och nerför trappan till köket där mamma sitter vid köksbordet med kaffet och tidningen. Hon har just klarat av mjölkningen i lagårn och kört mjölken i skottkärra ner till mjölkbordet vid vägen där mjölkbilen hämtar. Hon gör i ordning min kakaokopp och breder mig en smörgås med messmör.

När jag ätit och klätt mig springer jag ut på gården för att fortsätta bygga min affär där jag ska stå bakom disken och sälja saker till Gunvor som just kommer uppför backen från Bäcken. Vi samlar kottar, blommor, blad, stenar, träbitar och sand, som ska föreställa allt som man kan handla i Hilmas affär i Bäckalund. Vår lagårdskatt Mia kommer springande och jamar så snart vi kommer ut. Nu på sjuttio års avstånd ser jag femåringarna hela tiden ivrigt pratande om vad de håller på med. Det är Kairostid, bara glädje och fantasilycka utan tanke på klocka eller morgondag. Det är Nu! Jag ser ibland utanför mitt fönster samma skeende i den lilla skogsbacken där förskolebarnen leker. De är intensivt upptagna av något, helt absorberade av sina fantasilekar i den karga och slitna omgivningen.

När tog Kairostiden slut? Kanske när skolan började och det gällde att komma i tid och hinna göra sina uppgifter. Redan då ville jag inte komma för sent och har sedan hela livet i stället kommit för tidigt och använt en stor del av min tid till att vänta. Kronos tog tag i mig och har sedan styrt mig. Mitt kontrolljag springer jagande efter tiden, efter klockan, kollande i almanackan för att inte missa något viktigt.

Filosofen Henri Bergson skriver om tiden som ett nuflöde som oavbrutet rör sig, som i minnet förlänger det förflutna in i nuet. Tiden är som musik där de enskilda tonerna flyter samman i en enhet. Hans bild av tiden är inte vår astronomiska klocktid utan det är en flytande tid som skiljer sig från rumtiden. Jag finns i ett oupphörligt vardande som kallas tid. Mitt liv är inte dåtid, nutid och framtid i väl avgränsade ögonblick och tidsperioder, hela tiden förflyttar jag framtiden till det förflutna. Jag behöver inte jaga tiden för den finns inte. I stället finns jag i ett flöde som hela tiden förändras och som jag lugnt kan följa. Jag sörjer inte de år som gått för de finns inom mig och hjälper mig att gå vidare och jag fruktar inte framtiden som hela tiden är i vardande och som ingår i den flödande helheten. Det tog några år efter pensioneringen innan jag kunde kunde ta till mig det nya livet, ett liv utan Kronos, utan ett jagande av tiden. Det är svårt att hitta en ny rytm efter att ett halvt sekel dagligen levat efter klockan. Då och då lyckas jag göra dagen till min egen med min egen takt, mitt eget flöde i Kairos anda.

Min kroppsklocka väcker mig som vanligt fast det fortfarande är mörkt och i dag ska jag hela dagen lyda den klockan. Inga Kronostider är tillåtna. Jag sitter vid köksbordet med tekoppen och tidningen och snart pockar min kroppsklocka på att jag måste ut. Jag tar vägen genom skogen mot sjön, stannar då och då för att lyssna på talgoxarna som redan börjar sin vårsång. Tar den längre vägen i dag upp på den lilla kullen där jag sitter en bra stund och låter tankarna gå och blicken vandra. Några koltrastar tumlar runt

framför mig och en blåmes sjunger för mig. Plötsligt ser jag en rörelse i skogen framför mig. Det är en räv med stor vacker svans som smiter förbi. Den liksom slänger en blick på mig innan den försvinner. Det är nästan ljust ute trots att klockan bara är sju på morgonen. Snön har smält bort på vissa ställen men nu är det några minusgrader. Månen bildar en halvcirkel på himlen i väster och solen är på väg upp, det ser jag på det intensiva ljuset som speglar sig i vattnet i öster. Jag är ensam på jorden där jag sitter på bänken. Jag mäter min tid efter månens och solens gång, så som människorna gjorde förr innan klockor och kalendrar styrde livet. Ett lugn genomströmmar hela mig, tankarna vandrar utan riktning och jag sitter länge kvar på bänken.

Hemma igen kaffe och resten av tidningen, innan jag förväntansfullt sätter mig i min lässtol och öppnar Henri Bergsons Introduktion till metafysiken. Jag vill så gärna lära mig ett annat sätt att se på tiden och livet än jag har lärt under alla år. Det är svårt att byta fot, att skapa nya bilder när jag under sjuttiofem år inpräntat att tiden ska användas till det nyttiga och att det gällt att inte slösa bort tiden. Men jag inser nu att jag ofta slösat med tiden då jag ofta gjort sådant jag egentligen inte velat göra. Det ska jag nu ändra på och har redan börjat. Jag läser aldrig mer ut en bok som inte griper mig på de första tjugo sidorna, jag reser mig upp och går från möten som tråkar ut mig, jag ser aldrig dokusåpor, tävlingar med kändisar, melodifestivaler osv. på TV. Jag tackar nej till inbjudningar med människor som jag inte vill möta och jag tar inte uppdrag som inte engagerar mig. Allt detta har jag funnit mig i under hela mitt föregående liv! Jag har slösat med tiden. Dock kan det vara så att jag varit tvungen att prova på alla yttringar av mänskligt liv för att till sist kunna välja det som ger mig glädje och livslust. Jag har förhoppningsvis blivit en mognare människa som skalat bort mycket onödigt och hittat någon slags sätt att använda min tid.

Är jag en mogen människa? Ordet mogen har etymologiskt samband med ord som mör och murken. Är det det jag nu blivit? Äpplet mognar och kan ätas, säden mognar och kan skördas. Jag mognar men vartill är jag ägnad? Evolutionärt ska jag föröka mig och se till att släktet överlever. Jag har bidragit med min son men han har inga barn så släktet kommer inte att fortsätta med mina gener. Är jag kanske övermogen nu vid sjuttiofem års ålder? När äpplet är övermoget faller det till marken och ruttnar så småningom men kärnorna kan ge ett nytt träd. En forskare Gene D Cohen har skrivit boken ”Den mogna människan” där han delar in livets andra hälft i fyra faser. Den första som han kallar omvärderingsfas mellan fyrtio- och sextiofemårsåldern, då många börjar ompröva tillvaron. Därefter kommer frigörelsefasen då många vill släppa på restriktioner och hämningar. Strax efter sjuttio kommer summeringsfasen och från sena sjuttioåren och framåt kommer dacapofasen, där viktiga teman i livet tas upp och bearbetas.

Jag befinner mig nog mest i frigörelsefasen och till en del i summeringsfasen då jag tycker att jag fortfarande har möjligheter, om jag bara vågar vara fri, så fri som jag egentligen är. Det gäller bara att ta till vara på friheten! I den här fasen ingår också att jag inte är så tvärsäker på allt utan kan tvivla och ompröva. Som tjugoåring trodde jag att jag var fullärd medan jag i dag ofta kan säga ”vet inte” men

vill ta reda på. Nyfikenheten är en drivkraft som
skänker glädje. Slutsatsen blir att det inte i första
hand är den yttre tiden, min ålder som avgör mitt
fortsatta liv utan mer hur jag använder tiden, hur
nyfiken, fri och hämningslös jag kan tillåta mig att
vara. Jag läser i Lars Noréns Fragment:

Våra tvivel på oss själva, också de djupaste,
måste vara fyllda av förhoppningar,
ja, hopp
Mina ansträngningar går kanske djupast ut på att
frigöra mig
från den varelse som jag ålagt mig att vara
Vara uppmärksam på att jag inte talar om mig själv
Att söka sig själv är att i bästa fall finna det inom sig
som är det främmande

Tredje stycket

Att bo

Att bo, skona, bruka,
att tänkandet tackar
Lars Norén, Fragment

Jag går förbi den stora kastanjen och tittar upp mot det stora skatboet som byggs på varje år. Alla djur har ett bo, ibland konstfärdigt som bofinkens eller slarvigt och skört som skäggdoppingens. Efter ett regn beundrar jag snäckornas vackra bon som ligger framför mig på stigen, inget är det andra likt.

Jag funderar på människors bon, där jag går förbi alla lyxiga stora hus som liknar herrgårdar många av dem. Djurens bon är avpassade efter deras storlek men vi människor har andra intressen. Dessa stora hus har ingen funktionell storlek för oftast bor i dag en eller två personer i husen. De ska i stället visa personernas status och storhet. Boendet har blivit ett sätt att visa vem man är, hur framgångsrik man är och hur mycket pengar man har. I motsats till innevånarna i de lyxiga villorna på strandpromenaden bor många människor i dag oerhört trångt och många har inte en chans att få tag på ett boende överhuvudtaget. Djurens bon är ändamålsenliga och avpassade till storleken medan människoras boende speglar vårt samhälle med allt större klasskillnader och ett statusjagande som ofta når gränslösa höjder.

Filosofen Gaston Bachelard har skrivit en hel bok om boendet, Rummets poetik och här handlar det om Huset, Hemmet, Boet, Snäckan, Vrårna och hur människan och poesin hänger ihop med var och hur vi bor. "Jag har byggt en koja, som ett bo i ett av dessa pilträd; där, avskild mellan himmel och jord, tillbragte jag timmar tillsammans med lövsångarna." skriver han. Jag påminns då om hur jag som barn ofta drog mig undan i skogen, byggde ensliga kojor och gömde mig under stora granar. I kapitlet om Snäckan skriver han: " Att bo ensam det är just en dröm! Den orörligaste föreställning, den fysiskt mest absurda, att leva i en snäcka, kan tjäna som grodden till en sådan dröm." Ofta har jag tänkt då jag efter en regnig natt kryssat mellan de vackra snäckorna, att det skulle vara praktiskt att kunna dra sig in i ett vackert skal då omvärlden hotar. "Bara den som har förstått att krypa in bor med intensiv närvaro," skriver Bachelard också. Nu för tiden kan jag krypa in och njuta av min ensamhet och känna mig trygg. Det borde alla människor få göra.

Två trappor upp i ett hus byggt i början av 1960-talet
har jag min bostad sedan 32 år tillbaka. Jag sitter
vid köksbordet med DN och tekopp och ser ut mot
det stora höga huset mitt emot. Klockan är bara halv
sex men mannen med den lilla yorkshireterriern

kommer som vanligt vid
den här tiden ut genom
porten och går bort mot
den lilla gräsplanen vid
lekplatsen. På gatlyktan
utanför mitt fönster sitter
en ringduva och hoar sitt
djupa läte. Det är det enda
ljud jag hör förutom buss
nr 617 som åker förbi mot
centrum. Jag läser vidare i
tidningen och orkar inte ta in alla detaljer om den
senaste självmordsbombningen i Istanbul. Här bor
jag på en liten trygg plats på jorden och behöver
inte frukta någon då jag ensam varje morgon går
ut i skogen och runt sjön. Jag möter kanske någon
hundägare men oftast är jag ensam med mig själv,
fåglarna, hararna och rådjuren.

Naturen är mig till daglig glädje och jag repeterar
i minnet namnen på alla växter som dyker upp allt
eftersom sommaren mognar. Nu blommar den
oansenliga flenörten vars namn jag spårat till Linné
som gav den namnet men utan att förklara varför.
Enligt SAOB betyder flen knöl eller svulst och syftar

på att växten har en knölformig rot, som använts som medicinalväxt mot svulster hos både svin och människor. Det doftar av älggräset som breder ut sig stort bredvid stigen.

Naturen lever upp varje vår lika fräsch och ny men på mig märks åren. Litet tröttare och med återkommande svarta hål att falla ner i. Mitt slut närmar sig och ingen återkomst skymtar.

De tre rummen speglar mig, inget modernt vitt och ljust utan ganska slitet och mörkt med balkong mot väster och höga tallar, som skuggar. Bruna gabondörrar mellan rummen och plastgolv. Alltför välfyllda bokhyllor i alla rum och klaffbyrån som Lars och jag köpte av min pappa. Där står tre foton av min son i olika åldrar och ett från början av 1900-talet av min mormor och min mamma och moster utanför en grå liten stuga. Ett aningen suddigt foto av min mamma och pappa som nygifta framför en björk i Dala-Järna. Där står en av min pappa snidad ljusstake i form av en naken kvinna och en stor svart ebenholtselefant med betar av elfenben som jag fick av min svärmor. Hon fick elefanten av en sjöman på en av de båtar i Kramfors hamn där hon jobbade som ung. Två ljusstakar som jag fick efter min farmor och som jag tyckte var så fina när jag var liten och trodde att de var av silver. Jag hade en idé om renovering för några år sedan men har kommit på att det här är mitt bo, det speglar mig och jag skulle inte trivas i vitt och fräscht. Jag kryper in och bor med intensiv närvaro, som Bachelard skrev.

Fjärde stycket

Att gå

Att gå till fots är att göra en lång resa på en kort sträcka
Henry David Thoreau

Jag sätter den ena foten framför den andra och rör mig framåt. Varje morgon blir de ungefär 10 000 steg. Hela kroppen deltar nerifrån och upp, utifrån och in, får upp farten liksom andningen, värmen sprider sig och svetten kryper fram. Jag förnimmer en känsla av frihet, inget stör, ingen kräver något av mig, endast detta att lyfta fötterna i en viss rytm är viktigt. Ögon och öron registrerar omgivningen, vägen, växterna, djuren och sjöns levande skiftningar. Hjärnan vaknar till dagens verklighet efter nattens drömmar och fylls med tankar. Om jag vaknat med svartalfernas susande håller de sig nu på avstånd en stund. Mina sömngrusiga ögon blir allt klarare och mina bleka kinder rosiga.

Plötsligt kommer tanken att detta är ett underverk, att jag kan stå upp på mina två ben och att jag kan röra mig framåt. Hur kommer det sig? Gravitationen håller mig kvar på jorden. Annars skulle jag sväva runt eller kanske inte alls finnas. Vi är konstruerade för att gå. Kroppen sköter den större delen av vår varseblivning och det är med kroppen som vi orienterar oss i rummet.

Forskarna tvistar om hur det kom sig att homo erectus, den upprättgående människan, reste sig upp för flera miljoner år sedan. Några menade att det berodde på att hon steg ned från träden ut på savannen. Att varelsen reste sig upp på två ben var det första tecknet på mänsklighet. De kunde snabbare springa från sin fiende och jaga bättre, de kunde slåss bättre, de kunde använda de två befriade lemmarna till att bära och enligt vissa teorier kunde de manliga hominiderna bättre visa upp tecknet på sin manlighet i upprättstående ställning. Vårt släkte homo sapiens, den vetande människan, uppstod mycket senare, för bara ett par hundra tusen år sedan och vi började snart att upprätta vandra från Afrika till Europa och Asien.

I dag den första september går jag ut klockan kvart över sex. Solen skiner, himlen är alldeles blå och det är 15 grader i luften. Jag vaknade klockan fem med mörker i sinnet efter svarta drömmar och hade bråttom att komma ut för att inte svartalferna skulle få fäste. Snart fylls hjärnan av annat. Sjön är alldeles stilla och blank och här och där svävar små dimmoln över vattnet. Överallt i gräset kan jag beundra de konstfulla spindelnäten som går att se innan solen torkat daggen. Vissa är konstverk med sina runda nätmönster medan andra ser en aning slarviga och sneda ut. Hur kommer det sig? När jag kommer hem läser jag om spindlarnas förmåga att spinna sina nät, vars silketrådar har en så stor hållbarhet att man försökt efterhärma dem på konstgjord väg. Man har också konstaterat att de konstfulla näten spinns av unga spindlar medan de slarviga och små tillverkas av spindlar som åldrats och inte riktigt har förmågan kvar. Spinner jag också sämre nät nu på ålderns höst?

På telefontråden sitter en lång rad svalor, jag räknar till 28 stycken. De samlar sig antagligen för sin långa färd söderut. I träden bredvid stigen är det ett fasligt liv på en flock blåmesar som jagar varandra och letar föda. De flesta blommor är utblommade men där lyser en ensam blåklocka i gräset och några natt och dag visar sina gula läppar omringade av blått. Annars är det rönnbär och nypon som sätter färg vid kanten av stigen. Mina tankar upptas av naturens skiftningar och de mörka sjoken håller sig i bakgrunden. Jag känner mig aldrig ensam på mina promenader, min kropp och jag äger världen och jag är fri från alla krav från andra och från mig själv.

I sommar har jag också gått längre vandringar. Jag besteg Askerudsberget i Värmland. Det var en lärorik vandring på många sätt. För det första blev jag glad över min kropp som orkade med att gå fyra timmar i oländig terräng. För det andra var det lärorikt på ett annat sätt då jag läst mig till att där uppe på berget hade människor bott redan på forntiden och man kan se lämningar av forngravar. I slutet av 1800-talet och fram till 1940-talet bodde här flera familjer utan vägar och elektricitet. De hade släpat byggmaterial till sina små hus uppför berget. De hade odlat potatis och haft höns och grisar. På vissa ställen kan man se lämningar av husgrunder. Det har även funnits en dansbana här uppe på berget.

Oftast vill jag vandra ensam men ibland måste man göra det i grupp. En majvecka för några år sedan vandrade jag i Grekland uppe i bergen vid Delfi. Vi var en grupp som vandrade på dagarna och talade filosofi på kvällarna. Jag klarade dock inte av att gå med de andra i gruppen och prata utan var alltid en kilometer före och fick vänta på gruppen när jag inte riktigt visste vilken väg vi skulle ta. Min vana att gå ensam gör att alla störningar från människor gör promenaden mindre njutbar. Vi gick genom olivlundar och uppför bergsstigar och jag ville ensam njuta av skönheten. En tidig morgon smet jag från gruppen och vandrade ensam upp till Athenas och Apollos tempel. Några korta ögonblick stannade tiden och jag såg kisande mot morgonsolen folkvimlet och ceremonierna vid templet för flera tusen år sedan.

I vandringen finns en rytm som manar på tankarnas rörelser. Detta visste redan de grekiska filosoferna. När Aristoteles undervisade vandrade han fram och tillbaka i pelargångarna i sin skola Lykeion som också kallades den peripatetiska, den kringvandrande. Rousseau vandrade långa sträckor för att finna sitt primitiva jag, finna vilden i sig, den första människan. Han ville tillbaka till naturen. Han påstår i sina Bekännelser att hans tankar endast arbetar tillsammans med hans ben. Bara tanken på ett skrivbord och en stol fick honom att tappa all lust. Han började vandra redan som 16-åring och fortsatte sedan som vuxen. Under sina sista år då han var oönskad och föraktad i Paris och av etablissemanget och hans böcker brändes, blev vandrandet hans enda väg att överleva. När inget finns att vänta på eller tro på, annat än att minnas då hjälper vandrandet med sin närvaro utan förväntan, skriver han. Hans sista bok Den ensamme vandrarens drömmerier speglar resignation men också ålderns visdom. Han samlade växter under sina vandringar hela livet och skapade ett herbarium som han beskriver som en dagbok och han skriver om hur denna återkallar alla bilder av "ängarna, vattnen, skogarna, ensamheten, friden" och får honom att "glömma människornas förföljelser, deras hat och deras förakt."

Nietzsche skriver i Ecce Homo: "Sitt så litet som möjligt; tro inte på någon idé som inte föddes i friska luften....Att sitta still är den verkliga synden mot den Heliga Ande." Han led ofta av svår huvudvärk och skriver om hur långa promenader i ensamhet lindrar hans pina och om hur han har enorma samtal med sig själv i skogen. Han komponerade sina böcker då han vandrade och skrev ner i små anteckningsböcker. Huvudpersonen Zarathustra i ett av hans mest berömda verk säger : Jag är en vandrare, en bergsklättrare och det syns som om jag inte länge kan sitta stilla.

Henry David Thoreau älskade att vandra och han sägs vara författare till den första filosofiska avhandlingen om vandring. Han levde under första hälften av 1800-talet i Massachusetts. Under två år drog han sig tillbaka i en egenhändigt byggd koja i skogen vid sjön Walden och levde på vad naturen gav. Han ville utröna vilka våra basala behov är och var mycket kritisk till den framväxande marknadsekonomin och slöseriet med våra naturresurser. Han skriver i Konsten att vandra om hur han måste tillbringa minst fyra timmar om dagen med att ströva omkring genom skogarna, över bergen och fälten. "Jag kan inte stanna i mitt rum en enda dag utan att rosta till litet," skriver han. Han skriver om slaveriet i sydstaterna och om att det krävs civil olydnad för att visa sitt motstånd mot en regering vars värderingar man inte kan dela. Han vägrade t ex att betala skatt för att visa sitt missnöje.

Gandhi läste hos Thoreau om civil olydnad och hans långa vandringar tillsammans med tusentals anhängare var ett sätt att visa den brittiska kolonialmakten att det nu var slut med det koloniala styret. Den 40 mil långa saltmarschen mot det brittiska monopolet på salt var ett exempel på Gandhis sätt att utöva civil olydnad. Hans sätt att samla stor skaror av människor på vandring mot förtryck och slaveri har varit och är fortfarande aktuellt. Socialisternas vandringar första maj sker i hela världen. Jag har deltagit några gånger och känt den eufori som skapas då många människor tillsammans rör sina fötter mot samma håll för en bättre värld. Troende människor vandrar som pilgrimer till heliga platser för att bli välsignade och för att visa sin vördnad för det gudomliga. Santiago de Compostela har i mer än tusen år varit mål för vandrare. Man vandrar som mest 80 mil för att tillbedja aposteln Jakob vars kvarlevor ligger i ett silverskrin.

I folkskolan läste jag för första gången om folkvandringstiden på 300-400-talet och såg framför mig stora horder av människor, framför allt de krigiska hunnerna, som stormade fram från öster mot Europa. Så småningom förstod jag att folkvandring inte i första hand handlade om att vandra utan om att människor i alla tider på olika sätt förflyttat sig för att få bättre levnadsvillkor. I dag pågår många folkvandringar där krig, svält och förföljelse tvingar människor att lämna sina hem. Ibland sker det t o m bokstavligen genom fotvandring som vi kan se på TV, t ex i Syrien där människor flyr från IS, de fundamentalistiska islamisterna.

Mycket har hänt sedan de första mänskliga varelserna reste sig upp på två ben. Trots alla moderna fortskaffningsmedel blir vandrandet allt viktigare för

allt flera människor. Man går av många olika orsaker
men grundläggande är att den ena foten sätts framför
den andra.

Jag vandrar alltid ensam men jag känner mig aldrig
ensam. Jag äger världen och kroppen och "själen"
har en levande dialog. Inga band och måsten hejdar
mina tankar och mina sinnen. Jag går varje morgon
samma väg och tröttnar aldrig. Naturen är sig aldrig
lik, det händer hela tiden något och livet går vidare
från liv till död och till liv igen.

Femte stycket

Hem

*Här står jag avvisad utanför en dörr som för alltid
är tillsluten*
Vilhelm Moberg, Min stund på jorden

Jag går sakta upp mot gården. Mjölkbordet är borta
sedan länge och hagen mellan vägen och huset är nu
en igenvuxen skog men huset är sig likt. Den vita
lilla verandan med grönmålade fyrkanter och den
gröna dörren. Det lilla fönstret till toaletten. Men
allt är så slitet och i stor behov av renovering. Många
gånger har jag suttit på trappan och tittat ner mot
vägen. Kommer någon, händer något? Den stora
syrenbusken vid köksingången är borta och likaså
klängrosen på väggen vid verandan som mamma var
så stolt över. Det ser tomt ut. De gamla äppelträden

är sig lika och har nu som då små sura kart som inte går att äta. Och plommonträdet med de saftiga blå plommonen är borta. Aspen som stod uppe vid källarboa och där jag satt och läste och lyssnade på suset, är också borta. Jag ser att dörren till källarboa är den gamla som låses upp av en stor tung nyckel. Huset är igenbommat och det går inte att se in i huset då alla fönster är täckta med gardiner.

I minnet går jag in i huset. Jag går genom köksingången och kommer in i den lilla ingången där det alltid hänger arbetskläder. Det är mammas lagårdskläder, pappas skogskläder och gummistövlar. Till vänster går den branta trappan ner till källaren. Jag går ner och där står badkaret och bredvid står tunnan där vi värmde vatten till badet. Det var ont om vatten så vi fick bada i samma vatten flera av oss och det tyckte jag inte om för det var smutsigt när det blev min tur. Jag går upp igen och de två trappstegen upp till den inre köksdörren. Korkmattan är sliten men den bruna färgen och de slingrande mönstren kan fortfarande skönjas. Till vänster om dörren står alltid en stol för besökare. Där kan Johan i Åsvallen eller andra grannar sitta och tiga hur länge som helst. Köksbordet står på sin plats vid fönstret och bakom finns skafferiet. Arbetsbänken framför fönstret mot skogen och diskbänken vid andra kortväggen bredvid vedspisen och pannan som eldar för värmen i huset. Köksluckorna är brunmålade. Jag går ut i vardagsrummet, där den blommiga bäddsoffan finns vid högra väggen. Bakom den ett litet bord där radion står. Pappa ligger ofta på bäddsoffan och lyssnar på radio. När det är Karusellen sitter vi andra i fåtöljerna och lyssnar. Innanför vardagsrummet finns mammas och pappas sovrum som bara har plats för en dubbelsäng och två nattduksbord.

Jag går tillbaka och uppför trappan till övervåningen. I hallen har jag min säng som består av en gamma kökssoffa med knölig trasmadrass. Där finns också ett runt bord där jag på våren ställer en svart vas med syrener. Där sitter jag också och läser mina läxor. Rummet innanför är mina bröders och där finns två sängar och ett bord vid fönstret. På båda sidorna om rummet finns låga skrubbar med snedtak längs hela huset. Som barn kröp jag in i mörkret med ficklampa för att leta hemligheter. Där fanns gamla kläder och kartonger som innehöll sånt som kanske kunde användas att leka med, kläder, porslin, väskor och mycket som jag inte visste vad det var. Men det mest spännande var spånkorgen med hänglås som jag fingrade på men inte kunde få upp. Jag frågade mamma vad som fanns i korgen men hon bara fnös och sade att det var pappas korg. När jag frågade honom skrattade han men en dag tog han fram miljonsedlar ur korgen och visade mig. - Är vi miljonärer nu? frågade jag. - Nej de är inget värda, sade han . Något mera fick jag inte veta om spånkorgens innehåll men jag förstod att mamma inte tyckte om den.

Jag går ut och öppnar dörren in till ladugården. Så var det ju! Här stod Rosa, Stjärna, och Hjärtros och där stod grisen och så hönsgården, där vi hämtade ägg varje dag och så den lilla bingen där den nyfödda kalven stod och som vi matade med mjölk genom att stoppa in handen i kalvens mun på samma gång som vi hällde in mjölken. Det var varmt och fuktigt men så härligt när han sög och smaskade i sig mjölken. Och det luktar, inte färsk gödsel som i min barndom men ändå något litet lagård, hö, litet unket. Här lärde jag mig mjölka för hand innan vi fick mjölkmaskin och jag kan fortfarande känna hur händerna ska formas och klämma runt spenarna för att mjölken ska komma ut och hur det låter när strålarna landar med ett litet vasst ljud i mjölkhinken. Jag står länge i ladugården och minns hur korna råmade då vi kom och hämtade hö åt dem och hur hönsen kacklade och hur grisen grymtade vällustigt när vi kliade honom på ryggen.

Jag grips av en egendomlig, djup och sugande känsla när jag tänker på mitt barndomshem. Ibland får jag tårar i ögonen men det är tårar av längtan. Ingen annan plats på jorden ger mig denna känsla. När jag räknar efter har jag bott i åtta olika hem förutom mitt barndomshem och där jag bor nu. Det har varit nya eller gamla lägenheter, radhus eller småhus på olika platser i Sverige. Inget av dessa hem förutom mitt barndomshem kan jag beskriva i detalj och jag har inga speciella känslor för själva hemmet, trots att jag bott längre tid på några av platserna än i mitt barndomshem. Känslor och upplevelser, glada eller sorgsna finns kopplade till tiden men inte till själva hemmet. Det gamla torp som jag och min man byggde om från grunden till ett sommarhus kan jag beskriva ganska detaljerat men det beror på att jag själv var med och målade och inredde.

Jag har bott trettio år i den här förorten till Stockholm men har ingen hemkänsla för denna plats. Så länge har jag inte bott på någon annanstans Hur kan det komma sig att jag inte har någon hemkänsla här? Jag funderar och kommer fram till att det mesta som denna kommun representerar fortfarande är mig främmande. Det är en av Sveriges rikaste kommuner befolkad av höginkomsttagare som till 50% röstar på moderaterna och vars nyliberala politik strider mot allt vad jag tror på. Jag hade för några år sedan mailkontakt med en moderat som då satt i fullmäktige i kommunen och även i riksdagen. Hans stora förebild var den amerikanska filosofen Ayn Rand och jag läste då hennes tjocka bok Och världen skälvde och blev skrämd. Hennes filosofi går ut på kapitalism och individualism, att skilja på stat och ekonomi och mot rättviseideologin som hon skriver. Upplyst egoism kallas hennes filosofi och handlar om egots gränslösa möjligheter. I boken är alla framgångsrika människor vackra och intelligenta medan alla som inte lyckats så bra är fula, feta, motbjudande och dumma. Det handlar för mig och för många andra som tolkat henne om en fascistisk människosyn.

Det här är en av de kommuner i landet som tar emot minst flyktingar, större delen av den kommunala verksamheten är privatiserad och varje år går någon skola och vårdanläggning i konkurs. Detta kallas i kommunens handlingar för välfärdsmarknad. Kultur- och musikskolans avgifter är de högsta i landet. En bra illustration till ideologin som råder här ser jag varje morgon när jag går min promenad runt sjön. Ovanför stigen ligger stora exklusiva villor och träden skymmer deras utsikt mot sjön. Därför har de helt lagstridigt en natt låtit såga ner träden som ligger som plockepin runt stigen. De har t o m uttalat att de har rätt till detta då de köpt hus med utsikt! Jag är flickan från den lilla gården mitt i skogen som nu bor i en bostadsrätt i ett bostadsområde med höga hus byggda på 60-talet. Här på min gata där det bor en blandning av människor trivs jag ändå bra och skulle bli än mer alienerad om jag flyttade till någon av de stora villorna eller dyra bostadsrätterna nere vid vattnet.

När jag kommit så långt i mina minnen och funderingar ville jag undersöka vad denna starka känsla för barndomshemmet grundar sig i och om de flesta av oss härbärgerar en sådan plats inom oss. Jag hittade "Rummets poetik" av den franske filosofen Gaston Bachelard omnämnd i en bok av

Pia Högström som skrivit "Känslor äger rum. Liv i hem, stuga och villa.". Hon ger mig inga ledtrådar men bekräftar mina tankar om att man inte kan bo sig lycklig, varken med tips från inredningstidningar eller med hjälp av det allra mest glänsande nya kök. Hos Bachelard hittar jag dock tankar som för mig vidare. På ett poetiskt, ibland svårforcerat språk ger han mig nycklar till varför jag aldrig blir fri ifrån mina känslor för mitt barndomshem och varför de bildar en grund i mig. "Hur blir de hemliga rummen, de försvunna rummen till boningar för ett oförgätligt förflutet", skriver han och försöker i sin bok svara på denna fråga. Han kopplar ihop frågan med psykoanalytikern C.-G Jungs beskrivning av huset som analysinstrument för människans själ, där källaren är det undermedvetna. Det handlar inte om att beskriva husets detaljer utan man måste gå utanför beskrivningens problem, skriver Bachelard. Vi stiger in i det oföränderliga barndomslandet, oföränderligt som det urminnes. Huset är vårt hörn av världen, vårt första universum, ett kosmos. Han skriver om hur vi blir en smula poeter när vi i drömmerier ägnar oss åt bilder som berör oss på aldrig anade djup. Livet börjar bra, det börjar kringgärdat, skyddat, varmt och ombonat i husets sköte och det är till denna husets modersfamn som vi återvänder i våra drömmerier under hela vårt liv.

Då min dag ibland är mörk och jag inte vet hur jag ska uthärda, kan jag frammana min mamma hemma i vårt kök. Hur jag längtar hem till henne i köket, där det var varmt då hon eldade i spisen och det luktade nygräddat bröd och där hon var tryggheten och det varma boet när verkligheten utanför var hotfull. Vi återvänder hit under hela vårt liv, skriver Bachelard. Vi finner vila i att återvända till det förflutna. Barndomshemmet är fysiskt inskrivet i oss, i vår kropp. Bachelard citerar flera poeter som skrivit om hur de evigt förlorade husen lever i oss. Jean Wahl skrev: "Och det gamla huset/Jag känner hur dess röda värme/Sprider sig från sinnena till anden." Jag drömmer om att få vara där, att få komma tillbaka dit. Huset blir ett själstillstånd, skriver Bachelard.

Nu skulle man ju kunna anklaga Bachelard för att han bara beskriver barndomshemmet som en idyll, en varm och välkomnande plats när vi alla vet att mångas barndomshem har varit ett helvete. Även mitt barndomshem hade sina mörka sidor med en pappa som ofta skrämde oss till tystnad. Detta tänker jag dock inte på då jag i mina drömmerier frammanar min mamma som tog emot i den röda värmen som sprider sig inom mig och ger tröst. Jag längtar hem.

Sjätte stycket

Spånkorgen

Minnen är kraftfulla men sköra
Don Draper, Mad Men

Solen värmer mig då jag kommer ut på trappan. Jag går mot Kråkudden. Klockan är inte ens halv sju och jag är ensam, ser inte en människa, alla ligger och sover denna söndagsmorgon. Jag går snabbt över bron ner mot Värtan som glittrar i solljuset. Grönskan omkring stigen bildar ett valv över mig innan jag kommer ut på vägen ner mot båthamnen. Nu får jag syn på ett par människor borta vid det stora båthuset men jag känner inte igen dem. Det är en man och en kvinna och de går långsamt. Någonting är bekant med dem. När jag kommer upp på vägen mot Kråkudden är de borta, har kanske gått upp mot husen där ovanför. Jag kommer fram till Kråkudden och svänger som vanligt in på den lilla stigen mot vattnet och bryggan. Där på bryggan sitter de i det klara ljuset. Nu ser jag att det är mina föräldrar, mamma och pappa som varit döda i många år men nu sitter där unga och vackra, som på fotot från bröllopet.

– Hej Anita, säger de.

Nu talar pappa: – Vi har förstått att du vill träffa oss

och nu har vi kommit en liten stund för att ge dig något. Du ska veta att vi har det bra nu tillsammans och att vi följer er alla tre på era vägar i livet. Vi vet att du blev mycket ledsen när spånkorgen som stått på vinden och varit hemlig och låst i alla år, försvann när jag var död. Jo, det var mamma som förstörde den och brände innehållet.

Och nu talar mamma: – Jo, jag var svartsjuk på pappas liv innan vi träffades och jag visste att där fanns foton och brev från hans tidigare liv. Det verkade så mycket mera spännande än det liv vi levde tillsammans.

Pappa fortsätter: – Nu har vi återskapat korgen och lagt i annat som vi vet att du vill veta om oss och våra liv och också sådant som kan hjälpa dig att minnas din barndom. Kanske kan det hjälpa dig att komma vidare och njuta av den tid du har kvar i livet. Du måste försöka försona dig med oss alla som funnits i din närhet men viktigast är att du försonar dig med dig själv och försöker se framåt i stället för bakåt. Livet kan bara förstås bakåt men måste levas framåt.

Jag går fram till dem och kramar dem hårt, så som vi aldrig gjorde förr och mina tårar bara rinner.

– Korgen kommer att stå i din port när du kommer hem. Gå nu, säger pappa.

Jag vänder mig om och går utan att se tillbaka. Innanför porten står den gamla spånkorgen och jag tar med den upp i hissen. Det känns spännande att bryta upp det lilla hänglåset och börja undersöka innehållet. Bilder av mina föräldrar, brev som pappa fått och skrivit och minnen från mitt barndomshem och från skolan.

Sjunde stycket

Anna och Holger

Nuvarande tid och förgången tid
Är kanske närvarande i kommande tid
Och kommande tid i förgången tid
T.S. Eliot, "Burnt Norton"

Det är sommaren 1936 och en ung kvinna i en enkel vit, lång klänning med en ros i urringningen och en man i mörk kostym och vit skjorta med fluga och en ros i knapphålet står framför en björk, båda med händerna på ryggen. De rör inte vid varandra och ser litet högtidliga ut. Hon ler men han är allvarlig. De har just gift sig vid en enkel ceremoni med bara ett par vittnen. Holger är 27 och Anna är 24 år. De blev fyra år senare mina föräldrar.

Elva år tidigare ser vi en allvarlig familj uppställda framför kameran. Det är Katarina som sitter i mitten. Hon är bara 53 år men ser redan gammal ut med knut i nacken och fårat och slitet ansikte. Bredvid henne sitter Hanna, hon som var konstig och udda. Frida och Anna står på varsin sida. Båda har flätor och Anna som är yngst, bara 13 år, har sjömansblus och veckad kjol. Längst bak står bröderna Kalle och Lasse med stora kepsar och slips och kavaj. Det var ett högtidligt tillfälle, ovanligt att alla fanns hemma och kortet är taget ute i gräset bakom den lilla grå stuga med ett enda stort rum där de alla bodde.

Min morfar dog när mamma var nyfödd 1912 och mormor Katarina blev ensam med alla barnen. De

fick några kronor från fattigvården men annars
gjorde hon dagsverken på gårdarna och tjänade
några kronor. De var ofta hungriga och min moster
Frida tog en gång utan lov en bit hårt bröd och fick
en tillsägelse av mormor att lägga tillbaka detta tills
de skulle äta. Lasse berättade att han levde på socker
många dagar. Sockret var inlåst i ett skåp och han
lyckades ibland få upp låset och ta en bit. De hade
aldrig matsäck med sig till skolan som alla andra barn
och blev retade för det. Bröderna fick tidigt gå runt
i byarna med en egenhändigt byggd kärra och tigga.
På jularna kom folk från missionsförsamlingen med
mat till dem så att de skulle kunna fira jul.

Efter sex års folkskola var det
Stockholm som gällde för de
fattiga unga. Frida åkte tidigt
och Anna kom efter och
tjänade som piga i förnäma
hem på Östermalm. Hon
arbetade långa dagar och fick
stå ut med övergrepp från
de unga sönerna i familjen.
Om hon skvallrade för frun
fick hon sparken. Några fria
stunder fanns och här står Frida och hon framför
riksdagshuset 1929, klädda i korta sommarklänningar
och den karaktäristiska klockhatten, som skymmer
en del av ögonen. Allvarliga och litet stela med
händerna på varsin liten väska på magen.

Lasse flyttade också till Stockholm där han levde tills han blev 100 år. Kalle dog ganska ung och Hanna, som var utvecklingsstörd som man säger i dag, hamnade först på fattighuset som ung och sedan på mentalsjukhus livet ut. Jag har ett minne av ett besök tillsammans med mamma hos Hanna på fattighuset. Jag var nog inte mer än fem år och kommer ihåg hur otäckt det var med alla gamla och hur smutsigt och mörkt det var och hur underlig Hanna var.

Året är 1929 och en mycket stilig, välklädd ung man med en cigarett i handen, dubbelknäppt kavaj,

perfekta pressveck och tidsenlig keps står framför en stor minnessten från 1924 där kung Gustafs och drottning Victorias namnteckningar är inristade. Han ser litet överlägsen och nonchalant ut och har ena handen innanför kavajen i klassisk Napoleonpose. Den unge mannen, som sedan blev min far, befinner sig samma år i Tyskland och där roade han sig med vackra flickor som Grethe, Hedvig och Margarethe. Vistelsen där blev inte så lång, det var kris i Tyskland, jobb fanns inte och inflationen var astronomisk. De värdelösa miljonmarksedlarna som jag hittade i hans spånkorg, var från den tiden.

Ett år senare sitter samme man i kostym med pressveck och hatten vilande nonchalant på knät på däcket till en segelbåt i Göteborg och ser säker  och övermodig ut. Han ska snart stiga ombord på en båt till Amerika. Mitt i finanskrisen har han fått en Amerikabiljett och ska pröva lyckan i USA, där hans bror redan finns. Men redan i augusti 1931 sitter han på båten Kungsholm på väg hem till Sverige igen. Han är även nu välklädd i lång rock, keps och slips men tittar ner och ser inte lika övermodig ut som när han for. 

Fem år senare gifter sig Anna och Holger i Dala-Järna och den 18 april 1940 föds jag. Tyskarna har just gått in i Danmark och Norge och Sverige mobiliserar. Min pappa blir inkallad till militärtjänst. När han kom hem var det AK-arbeten som gällde. AK betyder Arbetslöshetskommissionen och var en statlig myndighet som existerade mellan 1914 och 1940, då den bytte namn till Statens arbetsmarknadskommission.   Man ordnade nödhjälpsarbete som bestod av väg- och brobyggen och skogsarbete. Det skulle inte vara attraktivt och lönerna sattes under "lägsta lön på orten". Min mamma var kocka för arbetarna i olika skogsarbetarläger.

År 1945 alldeles efter kriget köpte mina föräldrar en liten gård på 5 ha åker och 16 ha skog för 14000 kr. Huset var gammalt och omodernt med torrdass ute på gården. De fick låna pengar genom ett s k egnahemslån som fanns mellan1905 och 1948 för mindre bemedlade familjer, för att de skulle kunna bygga ett eget hus eller förbättra ett gammalt. Det gamla huset revs så att bara timmerväggarna var kvar och vi fick ett helt nytt hus med vattentoalett inomhus och ett badkar i källaren.

Pappa blev skogsarbetare och jordbruksarbetare, ett arbete som han inte alls passade för. Han kallade sig visserligen hemmansägare, då han ägde en gård men den var inget stort hemman. Han hade mjuka fina händer och var inte fysiskt stark och hade haft helt andra drömmar om livet. Det kan man se på hans elegans på alla ungdomsfoton. Han var en olycklig och ganska bitter människa som hamnat fel i livet. Han tog ut sin olycka på oss andra i familjen. Mig slog han bara en gång men min mamma blev slagen och likaså min yngste bror som inte fann sig i pappas regemente. Han var inte respekterad i trakten bland småbönderna. De tyckte att han gjorde sig märkvärdig och inte var någon riktig bonde. Men han var bra att ha då papper skulle skrivas och deklarationer fyllas i, då kom de och ville ha hjälp. På foton från senare år ler han väldigt sällan, ser ofta dyster ut men är alltid elegant klädd även när han har arbetskläder. Det var mamma som var den starka och som höll det lilla jordbruket flytande. Hon hade stora starka händer som ofta fick självsprickor.

Åttonde stycket

Självhushåll

Vad tjänar all kunskap till om hon inte vet varifrån brödet kommer
Johann Heinrich Pestalozzi

– Det fattas 50 öre, säger mamma då jag kommer tillbaka från Hilma i Bäck där jag handlat kaffe, socker och salt. Jag erkänner då att jag köpt karameller som jag ätit upp på vägen hem. Mamma blir riktigt arg och låter mig förstå att det får jag aldrig göra om. 50 öre var mycket pengar i mitt barndomshem där pengar alltid var en bristvara. Vi behövde inte köpa så mycket då allt fanns på gården. Vi värmde vårt hus med ved från skogen och maten kom från lagårn, trädgårdslandet, åkern eller skogen.

Vad åt vi? Jag plockar fram de fyra banden av Prinsessornas kokbok från 1938 som jag tog hand om efter mammas död. Det går att se på de fläckiga sidorna vilka recept som är mest använda Vi åt potatis- och fläskkorv, blodpudding och pressylta liksom julskinka, revbensspjäll, bruna bönor med stekt fläsk och rotmos med fläsklägg, mycket kom från den till varje jul slaktade grisen. Buljong med klimp var gott liksom ärter med fläsk och grönsakssoppa. Under fisk och fågel finns inte mycket som jag känner igen. Salt sill kom från en tunna i källaren men färsk fisk nästan aldrig. Till jul lutades lutfisk i källaren. När en ko kalvat fick vi kalvost som också kallas kalvdans. Den gjordes av råmjölk, ägg, mandel, kanel och kardemumma. Då var det fest! Lingonsylt, rabarbersaft, röd- och svart vinbärssaft, blåbärssaft var vårt godis.

Mamma sköter allt, lagårn, trädgårdslanden, köket och är alltid med vid skörden. Tidigt varje morgon går hon ut och mjölkar korna och häller upp i mjölkkrukan som fraktas på skottkärran ner till vägen och mjölkbordet, där den hämtas till mejeriet av mjölkbilen. Grisen skall ha mat och äggen skall samlas från hönsgården och tas in. Det finns ingen frys så mamma kokar sylt som sedan placeras i matkällaren. Äggen läggs i vattenglas som bevarar dem och fläsket konserveras i glasburkar eller saltas in och läggs upp i magasinet för vinterbruk. Grönsakerna äter vi upp under sommaren men de rotfrukter, morötter, kålrötter och potatis som blir över läggs i jordkällaren bakom huset.

Allt skall tas tillvara, inget får slarvas bort eller på annat sätt förfaras. Snören som redan använts, samlas i en låda. Knappar från kläder som blivit trasor, samlas i en ask. Kläderna blir mattrasor när de inte längre går att använda. De pengar som finns kommer från försäljning av mjölk och avverkning av skog på vintern. Ibland plockar mamma och vi barn tallkottar som sedan säljs för att användas till nya tallplantor.

Blåbär och lingon plockas och säljs också, de år då det finns mycket och inte allt behövs i hushållet. Ända till 1951 fanns ransoneringskuponger på många varor, längst på kaffe, te och kakao. Som ersättning för kaffe rostade mamma säd i ugnen. Det kallades surrogat eller surr. Hon syr alla kläder och stickar sockor, vantar, tröjor och hon stoppar strumpor och lagar alla kläder så länge de håller ihop. Hon sätter någon gång under året upp vävstolen uppe i källarboa och väver trasmattor av de kläder som inte längre går att laga och som klippts i långa remsor.

Vi sitter i köket runt köksbordet som är täckt av en vaxduk. Pappa sitter alltid ensam på en kortsidan vid fönstret, mamma närmast spisen och vi tre barn får tränga ihop oss på andra sidan. Den kokta oskalade potatisen står i en gryta på bordet och till maten dricker vi mjölk. På söndagarna får vi efterrätt som oftast består av saftkräm med mjölk. Oftast är det tyst runt bordet. Pappa vill inte höra något tjat. Han är trött efter att ha varit i skogen eller ute på åkern hela dagen. Det är högtidsstunder då han någon gång är på gott humör och berättar något eller talar med oss. Ett starkt minne är när han försökte lära mig att säga Dnjepropetrovsk. Det var ju krig och ett stort slag mellan ryssar och tyskar utkämpades där år 1943.

Nionde stycket

Träd

Ett träd utan rötter står ostadigt
Ordspråk från Kamerun

Tänk att döden kan vara så vacker, tänker jag när jag går där på stigen och betraktar den stora lönnen vars blad skimrar i en mångfald av rödgula nyanser. Även aspen bredvid börjar skifta färg. Löven håller på att dö och falla till marken och snart går jag där och sparkar i prasslande drivor av döda löv. I det naturreservat där jag går ligger många döda träd. Ibland ser det bara skräpigt ut men några av stammarna bildar fantasieggande skulpturer. Ett liggande gammalt träd ser ut som en varelse med uppsträckta armar och stor hatt. De döda träden är livsviktiga för hundratals levande varelser som insekter och andra småkryp. Varför får inte människan dö i skönhet på samma sätt och vara till nytta för andra varelser? Varför är människans död oftast bara ful och skrämmande?

Jag växte upp i skogen. Vår lilla gård var omgiven av skog, mest gran och tall men vid skogskanten också lövträd som björk, asp och al. Borta vid den långa stenmuren som gränsade till skogen fanns den stora häggen som varje vår blev överhöljd av vita blommor med en doft som nådde ända in i huset. Under den stora aspen vid stenfoten av källarboa satt jag ofta och läste. Aspens skälvande löv fascinerar mig fortfarande. Den heter ju också populus tremula på latin, den darrande poppeln. Jag kan stå och betrakta en asp vars löv darrar i den svaga vinden. Hur kommer det sig att de rör sig så? En gammal sägen säger att det beror på att Jesu kors var tillverkat av asp. Skogen var naturlig, den bara fanns där, inget man tänkte på. När mamma och pappa grälade, gick min bror och jag upp i skogen, så långt att deras skrikande inte hördes. Vi hade ett speciellt träd, en gran med nedhängande grenar, där vi satt tills vi trodde att de slutat gräla.

Skogen var ju också till stor del vårt levebröd. Till gården hörde ett stycke skog som låg ganska långt från gården. Varje vinter gick pappa tidigt och kom hem sent. Han gick ibland i djup snö och stark kyla. Han var i "skogen" sade vi och oroade oss när det var mörkt och kallt på kvällen och han inte kommit hem. Han ägde ingen motorsåg utan högg och sågade ned träden för hand med yxa och såg. Grannen som ägde häst hjälpte sedan till att frakta timmerstockarna ut till vägen.

Huset värmdes med ved i pannan och på vedspisen lagades all mat. Ljudet av hur mamma öppnar spisluckan och lägger in mera ved i spisen finns kvar i mig. Hon tog spiskroken och öppnade luckan och då såg man elden därinne och så kastade hon in två vedträn. Jag lärde mig tidigt att klyva de stora vedstubbar som skulle bli vedträn. Fortfarande kan jag känna stoltheten över att kunna hantera yxan och känna mig stark och duktig när stubben klyvs. På något sätt har skogslandskapet inympats i mig och jag har aldrig känt mig hemma vid havet eller på slätten.

Jag sitter vid köksbordet och ser ut på den björk som under mina trettio år här visat mig årstidernas växlingar. Nu har den börjat gulna men den mest spännande tiden är när jag varje vår ivrigt synar den för att se om musöronen visat sig. Utanför min balkong finns fyra tallar som också är en del av min vardag. De skyddar mig från insyn från huset mitt emot och de härbärgerar ofta fåglar vars förehavanden jag kan fundera över. De jagar varandra, de pratar med varandra och ibland verkar de slåss. Högst uppe på toppen av en av tallarna finns ett skatbo som skatorna bygger på varje år innan ungarna kommer. Jag kan sitta länge och titta på när en skata kämpar med stora grenar som ska transporteras upp till boet.

På min morgonpromenad står jag framför den mäktiga 500-åriga eken. Alltsedan Gustaf Vasa har detta träd stått här. Redan 1350 skrevs i landslagen att eken var kungens egendom och rättighet för att användas till skeppsvirke.

Bönderna hatade länge ekarna då de inte fick hugga ner dem även om de stod mitt i åkarna. En bonde som ertappades med att ha huggit ner ekar kunde mista allt han ägde. Ekbarken användes också för garvning av skinn och ekfat har lagrat vin och whisky. Eken var ett heligt träd redan under antiken då det var guden Zeus träd. Vergilius skriver om att de första människorna i antika Latium skapades ur ekar.

Jag står där och känner nästan något av det heliga med det gamla trädet som breder ut sina grenar många tiotals meter åt alla håll och jag böjer nacken långt bakåt för att se alla topparna. Nu håller den på att fälla sina löv och får vila litet. En sådan ro det finns runt trädet, ingen hets, den bara står där med rötterna djupt nere i marken. Den gör också stor nytta för den biologiska mångfalden då den är värd för tusentals insekter, lavar och fåglar. Vi människovarelser kan inte mäta oss med detta levande underverk. Vi står inte stadigt, vi dör snabbt och i stället för att stödja naturen, utarmar vi den. Jag tänker att jag ville vara ett träd, stå stilla stadigt utan ångest och bara följa årstidernas växlingar, gå på sparlåga en tid för att sedan blomstra på sommaren. Jag vill krama det stora trädet men mina armar når inte runt och jag går fram till en mindre ek bredvid och mina armar når precis runt den skrovliga stammen och jag lägger kinden mot barken.

Sveriges riksträd blev år 1985 Ornäsbjörken. Björken som har flikiga blad och en stam med stora eliptiska sår i barken, upptäcktes i byn Ornäs i Dalarna och har sedan planterats runt om i landet. Vid Rönningesjön finns en Ornäsbjörk som enligt sägnen planterades där på 50-talet av en flicka som köpt en planta för några kronor på Botaniska trädgården. Den står mäktig och märkvärdig bland de vanliga björkarna och alarna vid stranden och jag lade märke till den vid mina första promenader runt sjön.

Glädjen över den vackra björken skingras snabbt under min fortsatta promenad runt sjön då jag kommer till den plats där stora delar av skogen skövlats en natt i våras för att boende i de stora villorna ovanför skulle få bättre utsikt. Det skedde antagligen snabbt en natt och med handverktyg då träden sågats ner mitt på stammarna och vräkts ner i stora högar. Jag kom där morgonen efter och kände en vanmäktig vrede och sorg över hur människor kan bete sig i naturen för sin egen njutnings skull. Jag tänker på den geniala fotosyntesen som innebär att vi människor och träden samarbetar. Vi behöver syre för att leva och måste göra oss av med koldioxid och träden använder koldioxiden och ger oss syre. Träd är livsviktiga för oss människor.

På min barndoms gård fanns många träd som stod här och där som naturen bestämt. På alla förnäma herrgårdar fanns och finns ännu alléer med vackra träd i rader som ger en känsla av förnämitet. När man åker eller går i allén upp mot det stora vackra huset känner man en viss vördnad. Man närmar sig med eftertanke och har ett ärende. Min första erfarenhet av allé och herrgård inträffade 1957 då jag jobbade en sommar på Ulfsby herrgård i Sunne. Visserligen bestod allén av stora björkar och inga förnäma träd men de var planterade i rader för att markera uppfarten till den vita herrgårdsbyggnaden. Detta är heller inte vilken herrgård som helst utan den gård som i Selma Lagerlöfs Gösta Berlings saga är Länsmansgården där majorskan på Ekeby satt fängslad. Jag bodde i den flygel där majorskan satt instängd i romanen och där enligt sägnen majorskan visade sig ibland.

Första gången jag närmade mig herrgården genom allén var det med en viss ängslan. Hur skulle jag kunna uppföra mig och passa in? Förnämiteten visade sig genom fru Danielsson som ägde gården som nu var pensionat. Man fick inte säga du till henne utan hon skulle tilltalas fru Danielsson och hennes ord var lag. Hon sade heller inte du till mig utan Anita. Vill Anita göra detta och detta! Ibland fick jag äran att servera henne och hennes privata kvinnliga vänner uppe i den vackra salongen som inte användes av pensionatsgästerna. Då var det te och bakverk, som jag aldrig sett förut. De talade inte den breda värmländskan och de spretade med lillfingret då de höll i tekoppen. Damerna rökte också men jag tyckte att de gjorde det på ett konstigt sätt då de bara drog in röken i munnen och sedan förnämt blåste ut den med spetsade läppar. Jag hade ju redan tjuvrökt några gånger och då gällde rejäla halsbloss redan från början. Den sommaren var lärorik och träden i allén visade på en annan värld än min vanliga, där träd växer som de vill.

Varje gång jag landar på Arlanda i klart väder förundras jag över att det verkar som om vi landar mitt i skogen. Inte så konstigt då drygt hälften av Sverige yta består av skog. Jag har ofta kört bil i Norrland och mil efter mil ser man bara skog. För mig är skogen trygghet men för många från andra kulturer och andra tider är skogen skrämmande och fylld av onda makter, troll och oknytt av allehanda slag. Fortfarande kan jag få frågor från människor som växt upp i en storstad om jag inte är rädd när jag går ensam i skogen. Vår välfärd i Sverige vilar till stor del på vår skog som bidragit till arbete och inkomster. På vårt klot är den tropiska regnskogen oumbärlig för att vårt miljö, vårt framtida klimat och för biologisk mångfald. Vi människor kan gå under och klotet finnas kvar men om skogen förintas blir jorden en ogästvänlig planet.

Tionde stycket

Ut i världen

Inte hur världen är, är mystiskt, utan att den är
Ludwig Wittgenstein

I mitt lilla fotoalbum som jag fick av min moster Elin julen 1946, finns ett foto av mig i långt nattlinne och realskolemössa, stående på trappan till vårt hus. Det är på morgonen den 26 maj 1957 och dagen efter min realexamen. Där finns också en bild av mig i dräkt med blommor och ballonger, sittande på trappan med min farmor i bakgrunden. Fotona är svartvita men jag vet att min dräkt var röd och att jag hade en vit blus med spetsar i halsen och gula skor med klack. Det var inte alls självklart att jag skulle få fortsätta i realskolan efter sex år i folkskolan då mina föräldrar var oroliga för att det skulle bli alldeles för dyrt. Det lilla jordbruket gav inte mycket pengar och man fick på den tiden betala alla böcker själv. Terminsavgiften var inkomstprövad och jag betalade 16 kr och 67 öre per termin enligt ett kvitto jag hittat. Dessutom måste jag åka buss större delen av året den dryga milen till Sunne. På sommaren cyklade jag.

Den kunskap jag fått mig till livs under de sex åren i folkskolan hade sina brister. För det första var det B 1-skola d v s två klasser i i samma sal vilket innebar olika kursplaner och många timmars självstudier när en klass fick egen undervisning. För det andra var det inga stora pedagoger som sökte sig till de små byskolorna i Värmlandsskogarna. Anna Hagestam lade en bra grund i första och andra klass men sedan var det nog si och så. Den alkoholiserade Odhelius tuggade läkerol och klarade inte av undervisningen utan satte oss att lära varandra och fick ilskna utbrott när det inte var tyst. Gamle Persson försökte nog men det enda jag kommer ihåg från året med honom, var när han lade en pojke på vedlåren och slog honom med pekpinnen. Pojken kom från Stockholm, talade inte värmländska och var inte van vid den underdånighet som Persson krävde. Den snälle Kolmodin var en bra lärare med någon slags pedagogik i botten men klassen var stor med ca 30 elever och många hade stora problem med att läsa och skriva. I realskolan skulle jag få tillgång till en större värld. Jag skulle lära mig engelska, tyska och franska, jag skulle få läsa spännande böcker och t o m lära mig vad fysik, kemi och biologi var för något.

"Det var en gång en kasserad julgran, som låg på vedbacken och hade det tråkigt." Så börjar jag skriva i min uppsatsbok den 13 januari 1954. Julgranen berättar sedan sitt livs historia med glatt julfirande och julgransplundring men blir tragiskt nog upphuggen till ved på slutet. Jag skriver om en flicka som räddar älvor från trollen med hjälp av ett kristet kors och får en underbar älvklänning, ett löfte om ett gott liv för familjen och en önskan om att alltid få vara en snäll flicka som belöning. Slutet gott allting gott! En uppsats om franska revolutionen är en dödande tråkig uppräkning av fakta som jag fick betyget a på och en annan är en litet mera levande redogörelse för Snoilskys dikt om drottning Kristina, som också belönades med a.

Alla uppsatser måste först skrivas som koncept med blyerts och inledas med en disposition, innehållande Inledning, Avhandling a, b c samt Avslutning. Därefter skrevs allt in med bläck i en skrivbok. Ett par gånger per termin satt vi en hel dag i aulan och skrev och tiden när man lämnade in antecknades i boken. Jag skrev uppsatser om Hitlers maktövertagande, om Runeberg, om en dagstidnings innehåll, om liknelsen om den förlorade sonen och om faktorer som påverkat landytans utformning under miljontals år. Faktainnehållet är gediget och jag blir imponerad över att jag tycks ha pluggat på i förväg eftersom man inte fick ha hjälpmedel med sig till skrivningen. Dock slår det mig hur okritiskt allt beskrivs helt utan distans och hur den gamla lutherska moralen speglas. Kritiskt tänkande fanns inte i skolan på den tiden.

Tre nya språk under de fyra åren, engelska, tyska och franska. Den engelska lärobok som jag sparat inleds med många sidor uttalsövningar och texterna utspelar sig i England och USA. Det är bilder på Piccadilly Circus och Bank of England. Och så alla dessa glosor som vi hade i läxa till varje gång. Men jag tyckte att det var spännande och boken är välanvänd. När jag nu över femtio år efteråt bläddrar i den får jag tillbaka den upprymda känsla som jag ofta kände när jag fick lära mig nya saker, när världen öppnades för mig. I tyska läste vi Emil und die Detektive av Erich Kästner och enligt min anteckningar läste vi hela boken. Det måste ha varit en bedrift med bara två års tyskstudier men jag har ett minne av att jag inte tyckte att tyska var så svårt och att jag var stolt över att kunna läsa en hel bok.

Min förväntan när det gällde fysik och kemi kom på skam då det visade sig att det till stor del handlade om utantillkunskap och inlärande av formler. De tre böcker jag har bevarat är fulla av understrykningar och ger mig inte några positiva igenkänningar. Jag ser ju också att det väldigt sällan förekommer några anknytningar till vardagslivet för att ge en bättre förståelse. Och jag blev inte naturvetare heller! I dag saknar jag ofta kunskaper om hur vår värld är beskaffad och det gör mig fattigare.

Jag har en bok i kristendom bevarad och den skrämmer mig, full av fördomar och pekpinnar. Kinesiska och indiska religioner beskrivs som vidskepelse, vantro och avgudadyrkan och lapparna var hedningar som omvändes av kristna missionärer. Islam nämns inte alls. Naturfolken beskrivs som primitiva som begagnar sig av offer, böner och besvärjelser som skydd mot fruktan. Någon sinnesfrid och lycka ger inte deras religion och moraliskt finns inget att hämta. På grund av detta behövs missionärerna, skriver man. Nu femtio år efteråt är det inte så svårt att förstå att många som fick lära detta i skolan fortfarande hävdar kristendomens överhöghet i världen och att den kristna guden är den enda riktiga guden.

Jag har hittat en liten fickdagbok från sommaren 1957. Jag skrev varje dag hela sommaren med bläck och tydlig handstil Jag jobbade på Ulfsby pensionat med städning och servering under juni och juli men hann roa mig var och varannan kväll. Så här står det lördagen den 20 juli: "På kvällen middag med 5 rätter. En kvart före kom fru Danielsson och sade att jag skulle servera. Hemskt nervöst. Jättejobbigt. Slut halv elva. Greta och jag ned till sjön och badade sedan. For därefter till Kolsnäs och dansade. Jättetokig dag! Trött. Mona sjuk så jag fick ingen hjälp." Resten av sommaren hjälpte jag till hemma på gården med att binda råg, baka och städa. Tisdagen den 20 augusti står det så här i dagboken: "Strök kläder. På kvällen åkte Eva och jag med Karl P, Sven E. och Åke N. till Mallbacken. Fick den stora äran att dansa med några av societeten i Bäck. Dansade nästan varje dans. Kul. Hemma vid ett-tiden."

Måndagen den 2 september 1957 går jag på darrande ben över skolgården till det gamla ärevördiga Högre allmänna läroverket i Karlstad. Det är upprop och min korta kommentar i dagboken är "Ruskigt". Dagen därpå börjar lektionerna med två timmar latin. Lektor Mossberg är vår latinlärare och vår klassföreståndare och vi är alla rädda för honom. Dessutom är han snuskig, torkar tavlan med den smutsiga näsduken som han sedan använder till näsa och mun. Med jämna mellanrum skäller han ut någon som inte kan sin läxa och klassen som från början var ganska stor, minskar väsentligt då flera som inte levde upp till Mossbergs krav på latinkunskaper, helt enkelt slutar. När vi började i L1:3 var vi 30 elever men när vi tog studenten var vi bara 14. På en av mina latinskrivningar som fick betyget A skriver han "Ful inskrivning!" Ordet uppmuntran fanns inte i våra lärares vokabulär.

Lisa min lärare i engelska och franska, sitter mitt i solskenet som skiner in i klassrummet på henne där hon sitter i katedern. Hon ser förskräcklig ut, sminket syns i rynkorna och de smala läpparna är slarvigt röda. Hon talar inte så ofta på de språk hon undervisar i. Det är mest grammatik och glosor som gäller. Jag kommer inte ihåg att vi någonsin talade de främmande språken mer än att vi läste innantill i läroboken. En händelse visar att jag inte förstod att det talade språket var viktigt. Jag sitter i katedern och ska redogöra för Nevil Shutes bok On The Beach som jag läst och börjar berätta på svenska för det var det språk som vi använde på engelsktimmarna. Lisa uppmanar mig då strängt att tala engelska och jag får försöka att hjälpligt översätta mitt svenska manus. Det går inte så bra. Lektor Wick i tyska är däremot en suverän lärare som talar tyska varje lektion och uppmuntrar oss att göra detsamma. Men hon är sträng och en gång får jag en åthutning då jag kallar henne Fröken i stället för Lektor.

Undervisningen i modersmålet som det då hette, är heller inte så inspirerande. Jag som älskar att läsa får inte någon fördjupning direkt. Det handlar om att lära sig fakta om författarna och tolka litteraturen efter vissa förutbestämda mönster. Jag har sparat stenciler som visar att det fanns fasta regler för läsning och tolkning. Det egna tolkandet lyste med sin frånvaro. Jag skrev uppsatser om Olof von Dalin, Bellman, Heidenstam, Runeberg, Alfred den Store, Den industriella revolutionen, Striden mellan Rom och Kartago, Barabbas m m. Oklanderliga texter skrivna med bläck men så tråkiga. Den enda fria uppsats jag hittar handlar om mitt val av linje i gymnasiet. Varför valde jag latinlinjen? Mycket förnumstigt förklarar jag att jag redan i småskolan ville bli "lärarinna". Senare visste jag att det var språk och kanske historia jag ville fortsätta läsa och då var ju latinlinjen rätt. Inga tvivel här inte! Inga ifrågasättanden!

Det hade inte varit självklart att jag skulle få börja i gymnasiet, även om jag hade bra betyg från realskolan. Det skulle kosta mycket pengar då jag skulle vara tvungen att hyra rum i Karlstad. Jag ville så gärna och uppmuntrades av lärarna i realskolan. Till sist lovade mina föräldrar att jag skulle få börja men att vi skulle försöka få stipendier. Jag lyckades få ett stipendium från H. T Cedergrens uppfostringsfond för mindre bemedlade men studiebegåvade barn, som sedan hjälpte mig hela gymnasietiden och även ett par år på universitetet. Jag var också befriad från terminsavgift och jobbade varje sommar och satt barnvakt för 10 kr gången flera kvällar i veckan. Mina små dagböcker är fyllda av oroliga frågor om hur proven gått men också ibland av glädje över bra resultat. Dessutom hann jag med mycket annat, bio, cafébesök och danskvällar. Sommaren efter andra ring liftade en klasskamrat och jag till England där vi jobbade på en pensionat i Folkstone, innan vi liftade hem över Frankrike. Världen började öppna sig och jag fjärmade mig mer och mer från min barndomsmiljö.

Förkyld, trött och osäker steg jag av tåget på Uppsala centralstation måndagen den 29 augusti 1960. Jag hade som man gjorde på den tiden, polletterat mina väskor och hämtade nu ut dem och steg ut på planen vid stationen, fick fatt på en taxi och sade namnet på gatan där jag skulle bo, Sysslomansgatan 31 A. Jag visste ju förstås inte att detta var början på den tid som skulle forma de viktigaste delarna i mitt liv. Det var inte bara studierna utan också kärleken och barnet som kom att ge livsinnehåll åt den här perioden och lång tid framöver. Rummet som jag kommer till är avlångt och litet med ett fönster mot gården.

Två dagar därefter skrev jag in mig vid Uppsala universitet enligt min lilla fickdagbok. Jag började läsa tyska men detta nämns mycket sporadiskt i dagboken som mest består av korta anteckningar om besök på Paletten, Värmlands nation, Galejan, Glunten och Gillet. Jag hade ett livligt umgänge och roade mig glatt. Det var dock inte några orgier då vi oftast drack te eller kaffe vid våra möten som ofta varade ända fram mot morgonen. Ibland står kortfattat att jag läste litet och gick på någon föreläsning eller hade någon skrivning men studierna var tydligen inte prioriterade. Umgänget växlar och består av kurskamrater och gamla studentkamrater från Karlstad. Snart skriver jag också om att vi dricker vin och öl och ibland också konjak. Det var Lasse och Janne som jag träffade på Värmlands nation som introducerade mig i dessa vanor.

Våren 1961 var som en vår i Uppsala ska vara enligt schablonföreställningen. Jag var för första gången kär upp över öronen och helt uppslukad av detta. Studierna var däremot inte framgångsrika. Jag hade klarat några tentor men själva den stora skrivningen i tyska misslyckades jag med flera gånger. Och detta var den duktiga Anita som aldrig missat en skrivning, som aldrig haft underkänt på ett prov! Det gick så långt att jag hade misslyckats tre gånger och då fick man inte skriva mera. Var det katastrof? Jo, på ett sätt för mina studiebidrag drogs in när jag inte klarat mina studier. Jag måste ha levt i någon slags bubbla för jag kommer inte ihåg att jag var så olycklig för detta. Jag som alltid oroat mig för pengar och som alltid klarat allt. Den 23 september 1961 förlovade vi oss Lasse och jag och det noterade jag i dagboken. Vi hade köpt ringar och hade en fest på Sysslomansgatan. Vi flyttade ihop på Ringgatan i ett gammalt hus med toalett på gården och började nu plugga på allvar. Jag lämnade tyskan och tog itu med Nordiska språk i stället. Vi pluggade, vi promenerade och höll alltid varandra i händerna.

Jag har alltid tyckt om att argumentera och ställa frågor, vill veta, vill förstå och lära mig. Men i mitt minne fanns inte mycket av detta under min Uppsalatid och absolut inget i mina två små fickdagböcker. Inget av intresse, inget som kan ha stimulerat annat är nöjesbegäret. Kanske var det så eftersom jag varit alltför flitig och duktig för länge och behövde den här tiden för att roa mig och slappna av. Studierna borde ju ha varit stimulerande men jag har inga minnen av det. Tvärtom kommer jag ihåg förfärligt sövande föreläsningar av en docent i litteraturhistoria som läste innantill ur kladdiga väl använda papper med minimal handstil. Vi konstaterade att han antagligen läst ur dessa papper under många år. Jag tenterade muntligt för honom ett par gånger och det var mycket trista historier. Den sista gången var en varm sensommardag då jag var höggravid. Vi satt i ett litet hett rum högt uppe på institutionen och han var alldeles röd och svettig och stirrade på min stora mage. Snabbt bad han om min tentamensbok och skrev in Med beröm godkänd. Enligt de kurslistor jag sparat läste jag en oerhörd mängd böcker ur världslitteraturen men minns inte mycket. Det förekom inga diskussioner omkring litteraturen och det var aldrig tal om att utöva kritik eller funderingar om det vi läste. Jag har sparat den uppsats jag skrev i litteraturhistoria och den är förfärande tråkig. Den handlar om Bellman och är språkligt och tekniskt helt oantastlig men inte en personlig synpunkt eller kommentar men så skulle det vara åtminstone på den nivån. Lika ointressant var undervisningen i historia som jag läste sedan, det ämne som jag tyckt så mycket om på gymnasiet, då vi hade en spännande lärare som krävde att vi skulle ha åsikter och funderingar om det vi läste. Här skrev jag en uppsats om Karl XII och neutraliteten, lika förfärande tråkig. Jag har ett minne av att jag mer eller mindre påtvingades ämnet.

Elfte stycket

Händelser, vändpunkter, språng

Darrgräs, harkrankar, människor
utan intresse för vapenvård
- arméer att hoppas på
den slutliga händelsens dag.
Werner Aspenström

– Vad var det som hände? frågar vi oss själva och varandra. Varför blev det så här? Våra liv upptas av händelser, ibland glada, ibland sorgliga. Livet förändras hela tiden, ibland vänder det helt och hållet, ibland tar det stora språng. Filosoferna har intresserat sig för förändringen ända sedan Herakleitos år 500 fvt uttalade: Man stiger aldrig ner i samma flod två gånger. Flera moderna filosofer har tagit fasta på händelsen som utgångspunkt och skiljer då på fakta och händelse. Fakta är att jag föder barn kl. 02.40 på morgonen den 2 oktober 1964, händelsen är det skeende som gör skillnad mellan före och efter, en förändring sker, en ny begynnelse, ögonblicket när världen vänder, när det stora språnget inträffar. Vid läsningen av filosofernas tolkningar av händelsen började jag fundera på mitt livs händelser. Hur har de påverkat mitt liv? Blev jag drabbad eller hade jag förutsett vilka följder mina beslut skulle ha?

Ett första språng

Jag sitter och gråter i den slitna fåtöljen i mitt hyresrum på Ringgatan 1 i Karlstad. Det är tidig höst 1957. För att gå i gymnasiet var jag tvungen att flytta från gården i skogen, där jag växt upp. Hemlängtan är svår från början och jag ser fram emot att få åka hem varje lördag. Omställningen tar tid men efter några månader har jag vant mig och känner i stället att livet har öppnat sig, att det finns många möjligheter. Jag stannar kvar i stan många helger och går på bio, dansar i Mariebergsskogen eller sitter halva nätterna med vänner och pratar.

En ny fas i mitt liv har tagit vid, ett språng har tagits och en förändring har skett. Jag vågar mer och världen öppnar sig. På sommarlovet i andra ring liftar jag genom Europa till Folkstone vid engelska kanalen med en klasskamrat. Vi har fått sommarjobb som allt i allo på en pensionat och tjänar ihop litet pengar innan vi liftar vidare till Paris, där vi träffar två italienska studenter som vi umgås med några dagar innan vi måste lifta norrut igen. Världen hade blivit större och jag vågar röra mig i den.

Ett stort språng

Jag vandrar hem till Sysslomansgatan 31 A i Uppsala en mycket tidig vacker vårmorgon 1961, dansar nästan fram av glädje och stolthet. Jag var snart huvudlöst förälskad och allt annat, studier, vänner, nöjen blev oviktigt. Någon ville vara med mig, någon såg mig, någon tyckte att jag var värd att älska. Mitt liv fick en helt ny inriktning från den flitiga Anita som snarast skulle klara sina studier till den mera sorglösa som bara ville gå hand i hand med mannen i mitt liv.

Ett svart språng

Vi står på Uppsala central en tidig morgon den 4 mars 1962. Jag är klädd i min nya bruna dräkt som jag köpt för att gifta mig i men är en aning skakig då jag blöder ymnigt och har svåra värkar i magen. Det är Lars och jag som vinkar av min mor. Hon kom som hastigast dagen före för att vara med på vår vigsel men hann inte fram i tid. Jag hade upptäckt att jag var gravid och då skulle man helst gifta sig, ansågs det då, även om vi bott ihop ett år redan. Vi gifte oss hos borgmästaren med två vittnen. Jag hade som hastigast per telefon talat om för mina föräldrar att jag skulle gifta mig med någon de aldrig träffat och min mamma kom då överraskande med buss från Värmland till Uppsala samma dag. Hon fick i alla fall följa med på Gillet där Lars och jag och våra två bästa vänner skulle äta middag.

På bröllopsnatten fick jag blödningar och nästa morgon när vi följt mamma till stationen, snabb färd till Akademiska sjukhuset och missfallet var ett faktum. Nästa fas var en långvarig depression. Här vaknade antagligen mina återkommande svarta perioder. När jag tagit mig upp igen och återupptagit mina studier följde en fin tid och kärleken höll i sig, även om ekonomin var skral. Vi pluggade, pratade och älskade och allt var ljust och hoppfullt. Missfallet och depressionen följde mig dock länge och jag oroade mig mycket för att jag inte skulle kunna få barn.

Det största språnget

Jag ligger åter på Akademiska sjukhuset två år senare men nu är jag bara lycklig och stryker varsamt över fontanellen på min nyfödde son. Han har krupit igenom både pessar och kondom och nu ligger han här på min mage efter två dygns kämpande, mestadels i korridoren eftersom jag gnällt och haft ljud för mig och stört övriga på salen. Lars har dock hela tiden funnits vid min sida.

Vi kommer hem till Studentvägen 9, lägger det lilla knytet på vår säng och står där och bara beundrar underverket. Snart börjar jag dock oförklarligt gråta obehärskat, trots att jag är lycklig över barnet. Jag har drabbats av förlossningsdepression, som två av tio förstföderskor råkar ut för. Vi läser oss till hos Doktor Spock att det är ganska vanligt och att det går över. Det gick över efter en tid och Lars fick avsluta sina juridikstudier medan jag läste i långsammare takt. Det viktigaste nu var Georg som vi döpte honom till. Dagarna upptogs av honom, av att lära känna en ny människa, att njuta av närheten, att iaktta utvecklingen men mest av allt att förundras över undret, över att denna mjuka lilla varelse kommit ur min kropp. Inget blev någonsin som förut. Kärleken till och ansvaret för ett barn kan man aldrig släppa.

Språng ut i vardagen

Det är fin middag hos häradshövding Matz i Ljusdal. Alla medarbetare på domsagan är bjudna. Lars, den nyanställde tingsnotarien och jag är de yngsta, men jag får äran att sitta bredvid värden. Det är ovant att från åren med studentliv i Uppsala befinna sig på en liten ort med allt vad det innebär av anpassning till en annan vardag. Jag tar ivrigt itu med uppgiften att vara trevlig och underhållande. Jag har tidigt lärt mig att om man ska bli uppskattad av manliga bordskavaljerer, ska man ställa intresserade frågor, inte tala om sig själv. Jag är duktig på att vara intresserad och ett livligt samtal utspinner sig, så livligt att Lars vid hemkomsten tycker att jag utmärkt mig alldeles för mycket. Att mitt minne av denna middag är så starkt kan bero på att det var början på min anpassning till ett vardagsliv med arbete, barn, familj och konventionellt umgänge, så som det kom att se ut under många år framöver.

Ett smärtsamt språng

Femton år senare sitter vi och äter middag på Strand i Sundsvall. Vi firar att vår skilsmässa nu är klar både formellt och praktiskt och har ganska trevligt. Vi sätter punkt för en ganska svår tid som började med att han kom hem från en av sina många konferensresor och berättade att han ville skiljas då han träffat en annan kvinna. Visserligen hade vi haft det svårt en tid även före detta. Våra olikheter blev allt mera uppenbara. Jag, den ordentliga som har behov av ensamhet och eget liv, han, den som kan ta livet med en klackspark och vill ha ständig närhet och uppskattning. Ofta har vi bott från varandra, jag i stan och han i huset på landet. Det känns bra den där kvällen trots allt och jag börjar se framåt även om jag är riktigt rädd för ensamheten och lätt hamnar ner i mitt svarta hål. Skilsmässan kom dock att prägla mitt liv för all framtid.

Ett språng ut i det okända

Det är våren 1984, jag har just fyllt 44 år och går oroligt runt, runt i min lägenhet i Sundsvall. Hur ska jag göra, vad ska jag svara?Skoldirektören i en kommun norr om Stocholm har ringt och talat om att jag är välkommen som studierektor på komvux. Jag har sökt tjänsten och varit på intervju men har väl inte riktigt tagit det på allvar. Svårt att tänka sig att flytta från sonen som just flyttat hemifrån, från vänner och ett jobb som jag trivts bra med. Varför ska jag göra det? Någon slags tanke har varit att jag en gång till i livet måste lämna tryggheten och hoppa ut i det okända.

Jag vandrar runt, runt och på måndagsmorgonen ringer jag till sist skoldirektören och säger att jag tänker ta jobbet. En hektisk tid följer med att sälja min lägenhet i Sundsvall, skaffa bostad och besöka skolan. På hösten kommer jag snabbt in i jobbet och gör mig hemmastadd i min lägenhet. Jag börjar snart utnyttja det stora kulturutbudet i Stockholm och det känns fint, då det alltid varit ett företag att ta sig till Stockholm för teater, utställningar osv. Jag är fullt upptagen av mitt nya liv och det tar några månader innan svartalferna gör sig påminda igen. De biter sig fast ett tag men jag jobbar på, har ju börjat bli van vid dem nu. En tidig morgon våren 1985 när jag kommer med Roslagsbanan till Östra station och springer ner i tunnelbanan, öppnar sig plötsligt en liten glipa i mörkret och en varsam glädje sprider sig i kroppen. Jag är fri och kan göra vad jag vill med mitt liv och ännu finns möjligheter. Språnget kanske leder vidare.

Jag får aldrig veta hur mitt liv gestaltat sig om jag inte utsatts för alla dessa händelser, alla dessa vändpunkter, om jag tagit andra beslut. Det finns inom matematiken något som kallas Hilbertrummet, som är ett abstrakt rum med ett oändligt antal dimensioner. Astrofysiker använder också begreppet när de diskuterar teorin om parallella världar. Det finns ju ett oändligt antal sätt att arrangera materia på i detta universum och någonstans, någon gång skulle det kunna uppstå en värld eller flera som är exakt likadan som denna. Där finns jag i flera upplagor i flera världar men jag kan har gjort andra val än jag gjort i denna värld och det kan ha lett fram till andra språng, andra vändningar. En kvantfysiker framförde i går i min tv-apparat dessa fantasieggande teorier på mer eller mindre fullt allvar.

Ett språng tillbaka

Jag stiger åter en gång av tåget i Uppsala, nu den 1 augusti 2013 och känner mig även nu förvirrad då jag inte känner igen mig. Hela stationen är ny med rulltrappor, glas och metall. Den enorma cykelparkeringen är sig dock lik. Studenterna cyklar tydligen fortfarande mycket. Går upp mot torget och noterar att tårtpappersfasaden är kvar men nu finns där Åhlens i stället för Domus. Rådhuset där vi gifte oss den 3 mars 1962 är sig likt. Jag går över ån och nu känner jag ingen mig även om Gillet har ersatts av ett modeföretag. Domtrappkällaren är dock sig lik. Som så många gånger förr går jag Sysslomansgatan och där ligger Ofvandahls konditori som vanligt och jag går in och ber om en kaffe.

När jag kommer ut igen och fortsätter gatan fram börjar jag undra om den breddats då jag kommer i håg en ganska smal gata omgiven av grönska. Nu är där hyreshus och affärsfastigheter. Nr 31 A finns kvar men nu finns där ett modernt hyreshus i tegel. Vid slutet av gatan på Ringgatan 1 bodde vi på en gammal gård med flera ganska fallfärdiga hus. Nu står det Uppsala Hem på en skylt och husen är nästan lyxrenoverade och träden har växt sig höga. Den gamla toaletten på gården lär nog inte finnas kvar.

Nu gäller det att hitta Studentvägen 9 dit vi flyttade när Georg kom till världen men det var inte lätt. Då gick man över ett stort fält och förbi Rackarberget på kullen men nu finns bebyggelse överallt och jag virrar runt länge och frågar flera personer om vägen när till sist två unga män kan visa mig rätt. Då har jag ganska ont i fötterna och är svettig och trött. Till sist hittar jag porten med en 9:a bredvid och den känner jag igen men omgivningen är förändrad med höga träd och nya hus runt omkring. Jag går tillbaka mot stan förbi den kyrkogård som vi ofta gick igenom och hamnar i Engelska parken, där jag sätter mig en stund. Tårarna kommer och jag frågar vad det blivit av mig på dessa femtio år. Jag tog min examen, har arbetat, betalat skatt men vad mera?

Carolina Rediviva som var så vördnadsbjudande då när jag satt där och läste, är sig lik utanpå men inuti har det blivit turistmottagning och inträde för att se bl a Silverbibeln. Jag går in och betraktar en stund i dunklet den berömda boken med gotiska silverbokstäver som vi rövat i krig. Vi disken sitter två unga män och vi pratar en stund och jag nämner att jag för femtio år sedan satt i läsesalen och läste men nu inte känner igen mig. Jag tillägger förnumstigt och självklart att : Då var ni inte födda! Universitetet är sig ändå likt. "Tänka fritt är stort men tänka rätt är större" står det fortfarande ovanför ingången. Jag använde detta en gång i en uppsats och menade då att Thorilds tes är katastrofal. Den uttrycker att alla de fundamentalister som orsakar krig och våld i världen är de stora tänkarna som anser sig ha rätt. Det är farligt att tro att man har den enda rätta lösningen, menar jag. Min filosofilärare förstod mig inte.

Jag går förbi Värmlands nation som är stängd och sätter mig på uteserveringen vid Domtrappkällaren och äter en förfärlig fiskburgare. Men två glas vin piggar upp en del. Jag sitter där länge och räknar alla människor som inte var födda då för femtio år sedan och det är nästan alla.

Tolfte stycket

Att begära och försaka

Mänska, vill du livets vishet lära,
o så hör mig! Tvenne lagar styra
detta liv. Förmågan att begära
är det första. Tvånget att försaka
är det andra. Adla du till frihet
detta tvång, och helgad och försonad
över stoftets kretsande planeter
skall du ingå genom ärans portar.
Erik Johan Stagnelius

Min rundnätta svensklärarinna går fram och tillbaka med klapprande klackar på podiet i klassrummet och deklamerar med känsla Stagnelius dikt Suckarnes mystär. Detta var på slutet av 1950-talet i realskolan i Sunne. Dikten har följt mig sedan dess. Redan då tyckte jag mig förstå att den beskrev något grundläggande i mitt och alla andras liv. "Tvenne lagar styra mänskolivet. Makten att begära är den första. Tvånget att försaka är den andra. Adla du till frihet detta tvång, och helgad och försonad över stoftets kretsande planeter skall du ingå genom ärans portar." Precis så var det. Hela tiden begärde jag nya saker, nya upplevelser och oftast fick jag inte som jag ville. "Ingen önskan fylles under månen", skriver han. Människan suckar mellan livet och döden, havet kommer och drar sig tillbaka, vinden susar och tystnar, våren kommer och går. Jag längtar och hela naturen likaså. Det är denna längtan som driver mig framåt, som driver allt framåt, som är grunden i evolutionen.

Stagnelius skriver i dikten om näktergalen, "skuggornas förtrogna", även denne en suck av längtan. Tidiga morgnar på våren hörs denna överjordiska sång och en enda gång har jag fått syn på den lilla oansenliga fågeln mellan de nyutslagna löven. Hela den lilla kroppen vibrerade, stjärten lyftes och darrade och ur den vidöppna näbben kom de vidunderliga ljuden. En naturens bild av begär, längtan och passion som inte lätt kan överträffas. Begär, längtan och passion driver det levande att fortsätta leva, att åter och åter ge nytt liv. Men det finns också den andra sidan. Med Stagnelius ord vacklar mänskohjärtat mellan livets sorgesuck och dödens och vindens eolsharpa klingar mattare och dör omsider. När människan inte mera längtar, inte begär något då är slutet nära. Begäret ger upphov till liv men också till död. Människor begär något som någon annan äger och då blir det strid och krig. Och hela vårt marknadssamhälle är uppbyggt på begär, på konkurrens. Den ens bröd är den andres död.

Många filosofer har skrivit om begäret. Montaigne uppe i sitt torn i Bordeau år 1570 skriver ett helt kapitel om hur vårt begär stegras av svårigheter. Brist och överflöd leder till samma olägenheter, skriver han."Du pinas av överflöd, jag av brist och vi har båda bekymmer. Han illustrerar detta med ett flertal antika kärlekshistorier. Älskarinnors hårdhet är ett obehag, men sanningen att säga är lättillgänglighet och villighet ett ännu större obehag, fortsätter han. Det som är fritt lockar ej, det förbjudna eggar och retar citerar han från Ovidius. Livet är en ständig kamp för tillvaron och en fruktan för döden, skriver Schopenhauer. När alla våra önskningar tillfredsställts är vi mätta och njutningen upphör. Vi är uttråkade och ledsna. "Att vi varit lyckliga märker vi först när de lyckliga dagarna efterträtts av olyckliga", skriver han.

Dagens konsumistiska samhälle där vi hela tiden begär nya saker och nya upplevelser men blir uttråkade när vi fått det vi eftertraktat, stämmer nästan alltför väl med Schopenhauers teorier. Visserligen beskriver vi inte detta med hans poetiska språk utan som yttringar av vår kemiska sammansättning, där vi måste öka nivån av dopamin för att uppleva njutning eller som politik och ekonomi, då vi måste öka vår tillväxt genom att öka konsumtionen. Professor Ulf Ellervik skriver i Dagens Nyheter om att vi inte vill äta gåslever sju dagar i veckan även om vi kan, eftersom smakupplevelsen inte blir lika bra hela tiden och då får vi inget dopaminpåslag och blir missnöjda. Hela det ekonomiska systemet i dag bygger på att vi hela tiden ökar vår konsumtion och det gör oss inte lyckligare i längden.

Filosofen Kierkegaard ger många perspektiv på vårt liv i dag. Denne man som vandrade på Köpenhamns gator för 150 år sedan, beskriver de flesta av vårt västerländska samhälles avarter och svårigheter. Att välja har blivit ett mantra i dagens individualistiska samhälle men det är inte samma val som Kierkegaard talar om utan bara materiella val som mellan olika schamposorter eller olika skolor eller vårdcentraler. Det är aldrig tal om att välja mellan ett ytligt liv som trycks på oss utifrån och ett val av ett inre liv för att bli bättre människor. Denna moderna valfrihet skapar hos många osäkerhet och ångest eftersom vi som Kierkegaard skriver, inte väljer oss själva utan bara väljer att bli som alla andra. Vi är mycket rädda för att vara original utan måste hålla oss till trenderna, till modet och till det som är "inne". Vi vill leva kändisarnas liv i stället för vårt eget. Alla dessa val som vi måste förhålla oss till hela tiden skapar hos många en ångest för att inte välja rätt, inte passa in och en besvikelse när det valda visar sig vara fel.

Vad kan man begära av ett arbetsliv?
Kan det vara förlösande att för en sista gång gå tillbaka och försöka beskriva ett drygt 40-årigt arbetsliv? För att sedan bara leva framlänges? Jag har flera gånger gjort försök att skildra mitt arbetsliv men alltid gett upp. Det blir en dyster och tradig historia. Hur kan det komma sig? Ytligt sett har jag lyckats bra i mitt arbete och har varit en flitig arbetare som avancerat

och gjort mitt bästa. Det kan vara så att jag oftast låtit slumpen styra och inte känt efter vad jag egentligen velat göra? Kan det vara så att jag från början tog fel väg, att jag inte begärde nog mycket? Att jag inte vågade se mig om och undersöka alla möjligheter?

Högstadiet i Norrahammar. Undervisade i kristendomskunskap, historia och svenska utan ämneskunskaper i kristendom. Fick sätta mig med bibeln och läsa på. Spännande med flera elever som i denna trakt var troende och stod för detta. Livligt, roligt i klassrummet. En klass med yrkeselever, bara killar försökte utmana mig med s k fula ord men jag kunde några flera! Utanför en rektor som förbjöd korta kjolar och långbyxor på de kvinnliga lärarna och som vaktade utanför klassrumsdörren på att man ej kom för sent till lektionerna. Bra tid och lärorik.

Högstadiet på Frösön. Tre år med samma klass. Nu varm i kläderna, fick uppskattning av elever och kolleger. Lärde mig samarbeta med andra lärare och hittade nya vägar. Ivrig och pratsam i klassrummet men lärde mig lyssna på eleverna så småningom. Flyttade in i nybyggt hus med man och son. Livligt umgänge.

Gymnasiet och kommunal vuxenutbildning i Sundsvall. 70-tal med s k progressiv pedagogik. Arbetslag, utvärderingar, samtalsmetodik. Ambitiös och duktig. Intensivt och roligt med fina kolleger. Erbjuden tjänst som vikarierande studierektor och fick så småningom egen tjänst med eget tjänsterum och blev enda kvinna i manlig ledningsgrupp. Expertjobb på Länsskolnämnden och Skolöverstyrelsen. Åkte runt och föreläste om ny läroplan. Gråsvarta moln började dyka upp ibland. Tungt och oroligt. Äktenskapet krackelerade mer och mer och sprack efter långa slitningar. Ensam och svart men jobbade och räddade mig på så sätt. Sålde huset, sonen flyttade hemifrån.

Lärarbeteende: Jag kom tidigt till skolan, alltid väl förberedd, och drog några stenciler. Med snabba steg klapprade jag till klassrummet i god tid. Detta var på 1970-talet då jag och många andra gick i träskor. De skolor jag jobbade på i Sundsvall var gamla byggnader med stengolv och stentrappor så enligt eleverna hördes det lång väg när Anita kom. Jag släppte in eleverna och kollade vilka som var där. Jag är som människa snabb och otålig och berättade genast strukturerat om mina planer för lektionen. Ofta började jag med en muntlig genomgång av huvudinnehållet och eftersom jag kan tala länge och engagerat så kunde det ibland ta tid innan eleverna fick en syl i vädret. Min ambition var dock att de skulle få möjlighet att själva vara aktiva. Eftersom jag lätt kan uppslukas av min egen entusiasm för ett ämne, fick jag då och då påminna mig om att det var eleverna som var viktiga. Jag ville verkligen se alla elever och även om jag ibland konstaterade att jag inte kunde tycka om alla så skulle alla få samma chans. Hur var det med demokratin? Jag styrde och ställde ganska mycket men var medveten om att eleverna måste få utrymme att ställa frågor och komma med kritik. Jag gjorde regelbundna utvärderingar av hur lektionerna och jag som lärare fungerade och de flesta uttryckte enligt ett par resultat jag hittat att det mesta fungerade bra. Jag kan dock förstå om några tyckte att den ganska högljudda, snabba och engagerade Anita var en aning skrämmande. Plötsligt dyker ett minne upp. En kvinnlig lärarkollega talade om för mig efter att vi jobbat länge på samma skola att hon från början var litet rädd för mig som jag gick på, pratade och hade åsikter om det mesta.

Flytten från Sundsvall och studierektor igen på komvux i Stocholmskommunen. Helt ensam på ny plats, i nytt boende och på nytt jobb. Oron fanns där. Hur skulle detta gå? Blev uppskattad och fick större uppgifter. Jobbade vidare som expert. Slitsamt utan nära vänner. Svarta stunder. Blev erbjuden tjänst som rektor på gymnasiet efter sparkad rektor. Smickrad men också orolig. Stort ansvar, nya läroplaner, ombyggnad av skola, krävande lärare och föräldrar. Få vilostunder. Ingen stöttning av kommunen. Slet hårt och blev utbränd även om det inte hette så då.

Satt ett år hos en terapeut i stan och grät en gång i veckan och klarade på så vis av min vardag. Glädje då aulan var fylld med vitmössade studenter som jag önskade lycka till.

Undervisningsråd och enhetschef på Skolverket. Den längsta tiden på en arbetsplats. Skrev kursplaner till en ny gymnasieskola. Chef över kursplaneenhet, vuxenenhet och till sist statsbidragsenhet. Ville sluta vid 65 men blev erbjuden ett intressant projekt och jobbade vidare till 67. Tyckte om att skriva utredningar och strukturera projekt. 2007 var jag färdig med hela konceptet utbildning som jag vänt och vridit på i 60 år, från folkskolan till chef på verket. Kände en lättnad. Ville inte bli avtackad.

Begär i sista årsringen

Hur ser jag i dag på begär och försakelse? Det har tagit lång tid att hitta något slags förhållningssätt efter pensioneringen. Hela mitt liv har jag lärt mig att jag måste vara till nytta, bidra till samhällets bästa och klara mig själv. Nu är jag inte alls nyttig. Jag har inga barnbarn som jag kan vara nyttig och passa och jag bidrar inte till samhället eller till någon annans välfärd. Jag får ju min pension.

Det är också varit svårt att acceptera sin sista årsring, den som syns utanpå. Liksom trädet har jag många årsringar därinne och dessa tillsammans bildar mitt jag. Jag har kämpat med att få ihop dem alla till ett helt och med att inse att jag ser ut som 75 år men också är alla andra åldrar.

Vad är nu meningen med mitt fortsatta liv? Det känns tomt efter att ha varit alldeles fyllt av arbete och plikter under drygt 50 år. Så småningom kan jag kanske säga mig själv att det som är tomt kan fyllas med något. Det gäller bara att komma på vad jag nu ska begära av livet. Livet ska levas framlänges, sade Kierkegaard och det har varit det svåra. Ett ältande av de 75 gångna åren och en nostalgisk föreställning om bättre förr har tagit tid. Återkommande svarta hål och glädjelösa perioder har förmörkat åren. När jag ser en ljusning vid randen kan jag säga mig att jag aldrig skulle kunna glädja mig åt de ljusa stunderna om jag inte upplevt mörkret.

Mina begär har minskat. Det är de enkla tingen som jag önskar, god hälsa, god sömn, dagliga promenader, god enkel mat, goda vänner, många böcker och intellektuell stimulans. Glädje över tillvaron åtminstone korta stunder. Men mycket som jag begärde som yngre kan jag utan sorg försaka i dag. Jag behöver inte visa min status genom mina ägodelar eller genom min position. Jag har inte längre ett hus vid havet och ingen bil. Jag har skalat bort de flesta av ytliga bekanta och jag läser inte längre de nyutkomna romaner som beskriver dagens medelåldersliv utan i stället snåriga och ibland tunga böcker om filosofi och politik. Jag behöver inga fler prylar, inget av allt som saluförs i annonser och reklam. Dokusåpor, matlagningsprogram eller tävlingar om allt från städning till äktenskap kan kan varken roa eller förfära mig, så jag avstår. Det sorgliga är att det som jag begär av TV-media i dag knappast existerar. Teater, dokumentärer, konst, litteratur och någon slags allvar är sällsynta inslag i programtablåerna.

Att läsa och skriva och i bästa fall tala med någon om detta tillhör mina allra viktigaste önskningar. Jag vill hinna få kunskap om sådant som jag aldrig förut haft tid att studera på allvar som filosofi, politik och naturen. Men varför ska jag lära mig mera nu? Jag har ju ingen nytta av det. Montaigne tillfrågades en gång om vilken nytta han hade av att studera på sin bräckliga ålderdom:"Att kunna lämna världen som en bättre och mer tillfredsställd människa", svarade han. Då han lämnade sitt yrkesliv och satte sig i tornet och trodde att han inte skulle göra något alls blev han som en häst i sken av sysslolösheten och började skriva sina böcker på samma gång som han måste ha läst kopiöst mycket så som han citerar. Jag känner igen mig. Om jag inte skulle utmana mig själv och hela tiden söka nya kunskaper, skulle jag också bli som en häst i sken.

Trettonde stycket

Sista dagen på jobbet

Människan är det enda djuret som måste arbeta
Immanuel Kant

Jag tog hissen ner till receptionen, lämnade mitt passerkort till Eva i luckan och sa: Hej då, nu går jag i pension. Jag ska snart också gå, sa Eva. Tack för den här tiden, sa jag. Porten slog igen bakom mig och i min vanliga snabba takt gick jag nerför gatan, tog till vänster över bron och bestämde mig för att promenera hela den långa Odengatan till Östra station. Klockan var bara två och jag brukade inte vara ledig vid den tiden. Det kändes så konstigt, som om livet blivit ett annat, utan det vanliga vardagsinnehållet. Det kändes som promenad på semester i en främmande stad. Odengatan såg inte ut som vanligt. Jag hade under alla dessa tolv år nästan bara sett gatan från bussen och tänkt att jag skulle stiga av någon gång och titta in i butikerna. Jag hade ätit middag på Tennstopet många gånger men då på kvällen.

Nu gick jag där och tittade in i skyltfönstren. Jag gick in i skoaffären och snart var jag ägare till ett par rödvita promenadskor med små hål i. Jag gick vidare till bokhandeln på Odenplan. Nu skulle jag få tid att läsa alla dessa böcker som jag inte hunnit med under det av arbetet upptagna livet. Filosofihyllan var målet. Där stod en essäbok av Montaigne, den franske 1500-talsfilosofen som i trettioårsåldern sade upp sig från jobbet som jurist och satte sig i ett tornrum på sitt slott för att skriva om sitt liv. Jag visste att det finns tre tjocka till svenska översatta böcker av Montaigne, Bok 1, 2 och 3. Här fanns bara bok 2 och med den i väskan gick jag ut. Längre upp på gatan finns en affär med italienska delikatesser. Jag måste ju fira denna dag, tänkte jag och gick in. Parmaskinka, mozzarella, basilika, tomater och en flaska olivolja skulle bli en bra middag. Nu var jag snart uppe vid Valhallavägen men gick som hastigast in i den välfyllda second-handbutiken. Det kunde ju finnas något originellt som jag kunde klä mig i nu när kavajernas tid var slut. Jag hittade inget som jag ville ha bland alla noppiga gamla jumprar och långa kjolar.

Nu hade jag allt jag behövde för en kväll med mig själv, god mat och en god bok. Vin hade jag hemma. Nu skulle jag vara glad, nu när jag äntligen var för evigt ledig. Under lång tid hade jag längtat efter denna stund. Jag hade börjat skriva listor över vad jag nu skulle göra. Jag visste att jag inte kunde var sysslolös för då skulle svartalferna ta över. De fanns där i bakgrunden nu också men skulle nu förintas med hjälp av glädjen över allt det roliga som jag nu skulle kunna göra. Den sista tiden på jobbet hade inte varit så bra. Efter att jag fyllt 65 hade jag först jobbat som vik.chef för en enhet vars chef var sjuk men det sista året med speciella projekt som jag inte kunde styra själv. Till sist hade jag känt att nu var jag färdig med alltsammans. Hela livet inom samma område ger till sist en mättnadskänsla. Jag kände mig utanför då många nya kommit in och jag inte längre var någon, jag började bli nobody igen som jag var det första halvåret på myndigheten. Det var helt rätt att sluta.

När jag satt på tåget tänkte jag en stund på den tolvåriga epok som nu var slut. Tolv år hade jag varje arbetsdag åkt till verket. Jag hade benämnts undervisningsråd, projektledare och enhetschef. Det hade gått så fort och jag ser mig själv flängande runt i korridorerna, sammanträdesrummen, i kollegernas arbetsrum, i ljusgården när vi höll till på Kungsgatan och i rökrummet när ett sådant fanns och jag rökte. Jag var alltid på väg någonstans och hade alltid bråttom. Mycket sällan satt jag stilla på mitt rum och om jag försökte samla mig någon gång kom alltid någon och ville prata. Jo, den första tiden då de flesta inte visste vem jag var och då jag ännu inte fått specificerade arbetsuppgifter och hamnat i en grupp, kunde jag sitta i lugn och ro på rummet. Fast lugn och ro var det ju inte eftersom jag oroade mig för hur det skulle gå och om jag skulle klara det nya jobbet. Men jag minns att det ändå var en bra tid eftersom jag ännu inte kände så stora krav på mig. Det förra jobbet som rektor för en stor gymnasieskola hade varit så fullt av krav att det ändå kändes som en lisa att vara nobody och hinna göra sig hemmastadd i den nya miljön.

Mycket snart kom jag dock in i den byråkratiska verksamheten och fick mer och mer kvalificerade arbetsuppgifter. Jag var nog bra på att styra och strukturera projekten, bra på att hitta vägar för utveckling av både människor och verksamhet. Det var roligt när jag kände att mitt arbete uppskattades men som vanligt var jag aldrig nöjd med mig själv. Nu satt jag här och funderade över om mina tolv år på verket betytt något för någon. Jag hoppades att jag som chef ändå gett uppskattning och lyft medarbetarna ibland och att jag bidragit till att alla kursplaner och dokument som hamnat ute i skolorna till sist ändå varit till någon hjälp. Även om jag är en hetsig och snabb person har jag så småningom lärt mig att se andra människor och deras förmågor. Detta har dock tagit tid för mig då jag från början som skolledare hade svårt att delegera utan skulle göra allt själv. Det hade ju sin grund i mig som den otåliga och snabba person jag är men också i mina mångåriga lärarjobb där jag fått sköta allt själv. Men jag kunde också se i backspegeln att jag ibland kört över människor i min iver att komma fram och säkert också skrämt en del med mina idéer om förändringar av organisation och verksamhetsinnehåll. Jag nådde inte så långt med mina förslag då detta verk liksom alla byråkratier var ganska statiskt och hierarkiskt uppbyggt.

Nej, nu är jag framme vid min station och ska ta itu med mitt nya liv. Kanske ska jag någon gång skriva om mina 60 år i utbildningens värld från första klass i den sjuåriga folkskolan i Bäckalund till chefsjobbet på verket men det får bli när jag får lust. På natten drömmer jag en av mina vanliga drömmar. Jag ska genomföra en lektion eller konferens med många människor men har ingen aning om vad jag ska tala om. Jag har glömt manus och har inte förberett föredraget utan står där och pratar på. Jag är dessutom klädd i min röda morgonrock och undrar varför jag inte klätt mig. Jag vaknar olustig och tänker att nu kan jag väl ändå få slippa dessa drömmar, nu när jag inte ska prestera något alls inför andra. Jag funderar också över att jag aldrig är ensam i sina drömmar. I den verkliga världen är jag ofta ensam och det har jag varit i snart 30 år. Jag tror inte på någon större förändring i det tillståndet men vägen framåt är okänd och jag känner en stilla glädje och spänning inför det nya. Allt känns för en kort stund möjligt.

Fjortonde stycket

Att låtsas sitt liv

Snö faller på min barndom
Lars Norén

Under min tonårstid grundlades den "låtsaslek" som jag ägnat mig åt hela livet och fortfarande gör ibland. "Leken" handlar om att jag ofta låtsas vara någon annan än jag är. Detta är så självklart och vanligt att jag inte reflekterar över det, det blir mitt sätt att vara i många situationer. Det är nu när jag ser tillbaka på mitt liv som jag ser hur jag ofta "spelat dubbelt".

Det var först när jag läste Ronny Ambjörnssons bok Mitt förnamn är Ronny som jag förstod varför jag hela livet känt mig som någon utanför, någon som inte hör hemma, någon som måste spela ett spel, bevaka sina uttryck, studera omgivningen för att göra rätt och säga rätt. Han skriver om att låtsas med åren blev hans andra natur, hur han måste göra piruetter och uppträda på ett visst sätt för att passa in. Han beskriver sig som klassresenären som befinner sig på främmande mark men som småningom får ett nytt hem, en ny kultur och ett nytt språk. Han har rest men det hem han lämnade, finns kvar och gör sig påmint. Är det inte där jag hör hemma egentligen, har jag inte rest fel?

Trygghet känner man hemma och en resa till främmande ort känns ofta otryggt. Så har större delen av min livsresa präglats av främlingskap och otrygghet, av iakttagande och bevakande för att göra rätt, säga rätt, för att passa in. Redan som barn i folkskolan i Bäckalund gällde det att passa in bland barnen som hade föräldrar som var finare än mina föräldrar som bodde borta i skogen och var fattiga småjordbrukare. Mina kläder var hemsydda och jag hade aldrig pengar att köpa godis för. Jag ville ju gärna passa in och hävdade mig genom att vara flitig och duktig i skolan men upptäckte snart att detta bara skapade avundsjuka och ibland hånfulla kommentarer att jag ville vara märkvärdig, "viktig" hette det på värmländska. Jag var den enda i min folkskoleklass som fortsatte i realskolan och sedan i gymnasiet. Detta skapade en otrygghet, en dubbelhet.

Jag är en marginal man (woman), som präglas av inflytande från två kulturer, traditioner eller världar och är främling i förhållande till båda. Detta skapar en psykologisk osäkerhet. Det finns tre perioder i livet för en marginal man. Den första perioden är när hon blir medveten om sin dubbla karaktär, den andra när hon ifrågasätts och den tredje när hon börja anpassa sig. Antingen assimileras hon i den ena eller andra kulturen eller världen eller så stannar hon någonstans mittemellan och frågar sig: Vem är jag? Personligheten präglas av annorlundaskap, främlingskap, dubbelt medvetande, hypersensibilitet och moraliska grubblerier. I am myself? Det finns sju symptom på en marginal man: dubbel identitet, ambivalens, överdriven självmedvetenhet, översocialt beteende, ökad sårbarhet, isolering och tendensen att sluta sig till andra likadana. Allt detta som jag hämtat från Mats Trondmans avhandling Bilden av en klassresa, passar skrämmande väl på mig. Plågsamt självmedveten i de flesta sammanhang, vara till lagssyndrom parat med sårbarhet skapar ensamhet. Resan från Janbråten till universitet, gymnasierektor och chef på Skolverket har gjort mig till en marginal man, mittemellan, hör inte hemma någonstans. Jag blev medveten om min dubbelhet redan tidigt när jag började skolan i Bäckalund, när jag konfronterades med realskolan och gymnasiet. Mitt sätt att anpassa mig var att umgås med människor som var likadana som jag, som också gjorde klassresan. Jag t o m gifte mig med en man som gjort samma resa som jag. Där kunde jag känna mig hemma och trygg.

Min dubbla identitet har jag behållit hela livet och känner då och då fortfarande av mitt främlingskap. Vem är jag? Identitet kan upplevas inifrån som är vår inre värld med alla minnen. Dock finns också utifrånperspektivet, hur jag upplever andras bild av mig. Ordet identitet kommer från det latinska ordet idem som betyder "detsamma" och kan enligt Merete Mazzarella i boken Linje mellan stjärnor ha tre olika betydelser. För det första betyder det jagbilden, individualiteten, allt som skapar upplevelsen av ett sammanhängande, specifikt – eller rentav unikt – jag. Men det kan också förvirrande nog också betyda det motsatta, nämligen någonting kollektivt, någonting som skapar en grupptillhörighet av något slag, min ras, mitt kön, min nationalitet, min språktillhörighet, min religion eller min samhällsklass. För det tredje kan identitet betyda konstans, kontinuitet i tid och rum, att jag är densamma i dag som i går. Vad är då min identitet?

Enligt dessa kriterier är jag en svensk vit kvinna, småbrukardotter, mor, skild, akademiker, klassresenär, humanist,kontrollmänniska, introvert ensamvarg, sårbar med depressiv personlighet och pensionär. Fattig beskrivning av en människa. Finns det andra bilder? Jag läser vad filosofer och hjärnforskare i dag skriver om jaget som en illusion, en konstruktion. Hjärnan skapar en självmodell i världsmodellen för att vi ska kunna hantera vår verklighet när vi är vakna. Deleuze, en fransk filosof som jag just nu läser, menar att det inte finns någon statisk identitet. Den skapas hela tiden, förändras och blir något nytt, ibland till det bättre och ibland till det sämre. Hans idéer ger mig hopp. Kanske kan jag fortfarande göra något åt min jagbild, försöka flytta mig utanför mina hittills fastlåsta ramar om vem jag är.

Femtonde stycket

Kroppen

Människans kropp är den bästa avbilden av hennes själ
Ludwig Wittgenstein

Jag kliver naken ut från badrummet, får syn på mig själv i hallspegeln mitt emot, lägger från mig badrocken och ställer mig framför spegeln. Det är omöjligt att objektivt betrakta sig själv men jag vill göra ett försök nu när jag beslutat mig för att skriva om min ålderdom. Jag ska se framåt och inte bakåt, inte nostalgiskt betrakta Anita från förr utan utgå från nuet. Det är ingen estetisk upplevelse att betrakta den 75-åriga kroppen. Med åren sjunker allt nedåt, brösten och magen har av tyngdkraften tagit flera steg mot jorden. Midjan har försvunnit och där finns i stället två mjuka kroppsringar. Jag fortsätter neråt och benen är korta men ser ändå starka ut och mina fötter är små med två hammartår som gör att jag inte längre kan ha eleganta högklackade skor. Min fotvårdare Monica sköter dock om dem med jämna mellanrum. Jag vänder mig om och ser på min rumpa som inte har mycket kvar av sin runda form. Jag får en idé och lyfter armarna högt mot taket och se! Nu får jag plötsligt en midja och bilringarna och magen slätas ut! Tyvärr kan jag ju inte alltid gå med armarna lyfta mot himlen! Jag tar ner armarna och betraktar min händer, små med korta naglar och många små bruna fläckar, sådana som någon rådde mig att ta bort med laser eftersom de indikerar min höga ålder. Det tänker jag inte göra för de har bara tagit över fräknarna som jag hade som ung och som ger händerna litet färg.

Blicken löper uppåt igen mot hals och huvud. Rynkor breder ut sig på halsen och likaså i ansiktet, mest runt munnen och ögonen. Näsan har blivit spetsigare med åren och kinderna en aning insjunkna. Ögonbrynen är färglösa och tunna och det vita håret tunt och spretigt, men välklippt eftersom Silvia min frisör lärt sig hantera det. När jag någon gång oförhappandes får syn på mig i ett skyltfönster ser jag en äldre tant med ett strängt uttryck rusa fram med bra fart. Hon är mycket lik min mamma. Mina ögon är fortfarande klart blå och eftersom jag just kommit tillbaka från min promenad och snabbt duschat är kinderna friskt rosa. Detta är utgångsläget nu när jag påbörjar min färd framåt. Inte så illa trots allt, då denna kropp är frisk och stark förutom en stel rygg, inga sjukdomar, god syn efter starroperation och jag hör fortfarande det jag vill höra.

Det viktiga med denna kartläggning är att jag nu vill börja acceptera min åldrande kropp och glädjas åt att den fortfarande fungerar bra. Under lång tid har jag skyggat för spegeln när jag trätt ut ur badrummet, oftast med badrocken på. Inte konstigt då idealet är den unga vackra kroppen som exponeras till övermått. När den gamla kroppen förekommer i böcker är det ofta fasansfulla uppenbarelser, framför allt då det gäller kvinnor. Enligt Horatius erbjuder den gamla kvinnan en ohygglig anblick: "Din tand är svart, en uråldrig ålderdom fårar din panna, dina bröst hänger som juvret på en sto. Vilken svett tränger fram från dina sladdriga lemmar." Och Ovidius skriver : Man kommer att säga :" Hon var vacker." Och du kommer att sörja, anklaga din spegel för att vara trolös." Villon skriver om den utslagna blomman som torkar och förvissnar och blir ful och utan färg. Kvinnans uppgift har i mannens ögon varit att vara kärleksobjekt men denna mister hon som gammal och blir ett monstrum som inger avsmak och till och med fruktan. I vissa kulturer är hon en trollkvinna, en häxa med farliga krafter.

Jag har just avslutat Prousts verk På spaning efter den tid som flytt och där kommer berättaren tillbaka till den parisiska societeten efter många års bortovaro. Han känner inte igen någon då alla som förr var unga och vackra, nu har förvandlats till ett veritabelt skräckkabinett, feta, oformliga, vithåriga, långnästa med darrande läppar och hängande ögonlock. Några känner han igen på rösten men annars måste han låtsas veta vilka de är. Han kommer också underfund med att han själv förvandlats och blivit gammal.

Och hans funderingar handlar om Tiden, vad den gör med människor och det är nu han får "kallelsen" att skriva sitt stora verk som ska spana efter den tid som flytt.

När jag söker litteratur om ålderdomen handlar de flesta böcker om geriatrik, dvs om ålderdomens sjukdomar medan jag söker böcker om gerontologi, dvs kunskap om ålderdomen. Jag söker böcker om kroppen och kroppens naturliga åldrande. Det är ju trots allt i kroppen som mitt jag bor, mitt medvetande finns och det är ju med kroppen som jag når ut över mig själv genom mina ögon, öron, händer, ben osv. Utan min kropp kan jag inte orientera mig i världen. Jag är ju instängd i detta benhus som är klätt med kött, hud och hår. Kroppen är biljetten till allt som är gott, till sex, smekningar och njutningar av alla slag. Även den gamla kroppen kan njuta men det skrivs det sällan om. I denna tid av dyrkan av ungdomen breder gerofobin ut sig. Vi uppmanas hela tiden att "göra om oss", speciellt kvinnor. Botoxa, lyfta, fettsuga, färga, byta ut och dölja den naturliga kroppen som inte passar in i detta ungdomens samhälle. Om vi inte lyder detta så ska vi hålla oss osynliga. Männen har det lättare. När Leif GW Persson exponerar sin stora mage som nästan spränger hans skjorta i TV reagerar ingen. Den ger honom pondus och t o m sexighet. Det är svårt att tänka sig att en kvinna med samma omedelbarhet skulle visa sin stora mage och sina bilringar i lika välfylld skjorta på bästa sändningstid och uppfattas som attraktiv.

Hur använder jag och hur njuter jag av min gamla kropp? En tidig morgon utanför porten, när snabba steg påbörjar min promenad, stiger en ljus känsla upp genom kroppen. Mina ögon njuter av de första blåsipporna på den vanliga slänten vid Skavlöten, av musöronen på björkarna, av fåglarna i träden och på vattnet. En riktigt vacker vintermorgon är min värld vit och ren och oskuldsfull för mina ögon. Mina öron uppfattar redan nu talgoxen som börjat sin sång mitt i vintern och jag njuter av Rachmaninovs pianokonsert på lördagen i konserthuset. Mina smaknerver njuter att mitt kaffe vid hemkomsten från promenaden och av en god middag och ett glas vin på kvällen.

Det var länge sedan någon smekte mig och det kan jag sakna men min kropp minns kärlekens alla handlingar. I mina händer finns många minnen inpräglade för evigt. Den helt unika känslan när jag strök med handen över min nyfödde sons fontanell, lyckokänslan då jag smekte min älskade, min pappas mjuka kind när jag satt vid hans dödsbädd och rörde vid honom som jag aldrig fått göra förut. Mina händer minns hur de ska formas för att handmjölka en ko och hur de binder en havrenek. Jag har inga minnen av att jag använt mina händer för att slå, för att straffa men jag kan ha förträngt det.

I kroppen finns också denna fortfarande inte helt utforskade klump, som är min hjärna. Den är ett helt universum av nerver, vindlingar och hålrum. Här påstås detta oförklarliga som är mitt jag, mitt medvetande finnas. Vad detta är och var det finns tvistar man om och har gjort sedan antiken. Var finns jag? Detta intresserar filosofer, neurovetare, religionspsykologer och kvantfysiker m fl och de har olika svar på frågan. Svaren sträcker sig från att medvetandet är en världssjäl i universum till att det är ett biologiskt fenomen. Enligt dualismen som kan spåras tillbaka till Platon och Aristoteles skiljer man på kropp och medvetande. Descartes på 1600-talet fortsatte på den vägen och hans Cogito ergo sum, där tänkandet skiljs helt från kroppen. Det är enligt honom själen som tänker, känner och upplever medan kroppen har sjukdomar och skador av olika slag. Enligt det andra sättet är medvetandet en helt fysikalisk och biologisk egenskap som vi så småningom kommer att helt kunna förklara vetenskapligt. Ett tredje sätt, i dag inte så vanligt, är idealismen som uttrycker att den enda existerande substansen är mental. Filosofen Berkeley framförde på 1700-talet sin filosofi som handlade om att tingen endast existerar i vårt medvetande, vilket leder till frågan om var tingen finns när jag inte betraktar dem.

Hjärnans mysterium är inte löst men i denna klump finns mitt intellekt, mitt minne, mina tankar, mina känslor osv. Enligt forskningen finns känslor i en del av hjärnan med det fantasieggande namnet amygdala medan förnuftet finns i cortex. Vilken är starkast? Vem bestämmer vad jag beslutar? Ändras styrkeförhållandet mellan amygdala och cortex med åren? Länge trodde man att nervcellerna i hjärnan minskar med åldern men nyare forskning har visat att detta inte stämmer. Om vissa celler förstörs tar andra vid och kompenserar, så förhoppningsvis behöver inte mina mentala egenskaper automatiskt försämras vid 75. Det är dock enligt forskningen viktigt att hålla igång hjärnfunktionen. Man måste lära nya saker, inte bara gå i gamla hjulspår. Detta är en av orsakerna till att jag läser filosofi och ganska tunga böcker som Joyce och Proust. Jag måste utmana min hjärna.

Jag kan ju inte beskriva min hjärna på samma sätt som jag beskrivit min kropp då den är instängd i min huvudskål. Effekterna av en åldrande hjärna kan jag dock märka. Jag har aldrig haft bra siffer- eller namnminne men nu är det än sämre, vilket jag kompenserar med att anteckna allt som jag måste minnas och det fungerar till vardags. Mitt närminne blir allt sämre. Vad gjorde jag i går? Om jag vill ha reda på det kan jag läsa i min dagbok! Min hjärna har varit bra på att se sammanhang, möjligheter och utvägar och detta har inte blivit sämre, snarare bättre i ljuset av erfarenheten.

Vet jag nu var jag finns och vem jag är? Varför ser jag ut som jag gör, varför har jag de känslor jag har, varför ramlar jag ner i svarta hål med jämna mellanrum? Var i kroppen bestäms detta? På 1950-talet upptäckte forskare var vårt bibliotek finns, var ritningen för varje biologisk varelse härbärgeras. I mitt DNA finns jag, där finns beslutet om vem jag är. När jag en gång kom till skrevs receptet på mig i DNA, denna spiralformade molekyl som bär min arvsmassa. Man forskar nu på hur åldrandet kan spåras och beter sig i DNA. Jag skulle för en billig penning kunna få veta vad som finns i mitt DNA, vilken framtid jag kan vänta mig, men den tid jag har kvar vill jag leva i varje dag, i varje ögonblick och inte oroa mig för morgondagen, som jag gjort under stora delar av mitt liv.

Tröskeln mellan liv och död är det bestående ögonblicket, skriver Lars Norén. Det är då en förändring och en förnyelse kan ske. I morse hörde jag i snöblasket och morgonmörkret koltrasten för första gången i år även om han inte sjungit upp sig än utan var ganska hes. En skata kom flygande med en gren och började bygga på sitt gamla bo i kastanjen. Det var ett ögonblick som gav en känsla av hopp och glädjen spred sig i kroppen. Snart är våren här igen, även för mig.

Sextonde stycket

Att godkänna sig själv

Jag är tillräcklig som jag är
Walt Whitman

Jag går och gläder mig åt våren men också åt att jag ska vara hemma hela dagen, läsa, skriva och kanske putsa något fönster. Jag har umgåtts med människor flera dagar nu och det har blivit litet väl mycket. Jag mår bra då jag umgås med mig själv och med alla jag möter i böckerna. Solitär brukar jag kalla mig och jag är enligt vedertagna begrepp helt fel ute som människa. Ända från Havamal med Man är mans gamman till Martin Buber som säger att Jag blir till i förhållande till Du och att Allt verkligt liv är möte, har det riktigt mänskliga ansetts ske i gemenskap. Visst måste jag möta människor men inte för ofta och för länge. Jag slutade som pensionär att delta i många s k sociala sammanhang. Det har jag i mitt jobb tvingats till alltför ofta. Jag måste inte heller delta i alla diskussioner. Jag tycker om att lyssna och fundera men måste inte tala om vad jag tycker, det gör så många andra. Detta kan bero på att jag under hela mitt yrkesliv stått i centrum och talat, ofta inför många andra, först som lärare och sedan som rektor och chef. Alla väntade sig att jag skulle komma med klokheter och klargörande ställningstaganden och jag försökte leva upp till det. Nu slipper jag och behöver inte visa mig duktig längre och det är en befrielse men fortfarande kan jag känna att det är något fel på mig. När jag haft mina depressioner och sökt hjälp både i böcker och hos psykologer har jag alltid fått veta att jag ska engagera mig och möta människor.

Av en händelse råkade jag i en tidning få syn på en bok: "Introvert Den tysta revolutionen" av Linus Jonkman. Något klack till i mig och jag beställde den genast. Nu har jag läst den och upptäckt att man även i denna sena ålder kan göra nya upptäckter och hitta nya sidor hos sig själv. Min upptäckt är att jag blivit godkänd som den människa jag är. Jag är en introvert människa och introversion är ingen avvikelse, ingen sjukdom, ingen inskränkt solipsism utan helt normalt för många människor. Visst har jag vetat att jag mår bra ensam och att jag har svårt för mingel och kallprat men ändå sett det som en brist. Författaren beskriver mig nu som människa på drygt 200 sidor och jag känner mig helt hemma och godkänd. Det test som slutar boken visar att jag till nästan 100% är en introvert människa och det är inte självvalt, inte en livsstil utan det är kodat i mitt DNA. Det är enkelt sagt ett behov av avskildhet. Drygt 30% av världens befolkning är hårt präglade av sin introversion. De flesta har dock drag av både introversion och extraversion.

Hur yttrar sig min introversion? Jag följer boken och kan så beskriva mig själv. Alltsedan jag var liten har jag njutit av att vara ensam och göra saker ensam, alltifrån att läsa, skriva, promenera och hitta på praktiska projekt av olika slag. Jag har nu erkänt för mig själv att jag inte tycker om att resa, har en rejäl resfeber och tycker inte om att sitta på flygplatser. Dock kan jag njuta då jag kommer till en ny plats men helst då av att ensam strosa runt och betrakta. Jag avskyr att komma in i ett rum med många människor där jag förväntas ta kontakt och mingla. Något av det mest fasansfulla är gruppresor och Finlandsfärjor. Dessa har jag valt bort för många år sedan. Grupparbete får mig att rysa och antingen blir jag helt tyst eller så hävdar jag högljutt en åsikt som inte stämmer med de övrigas. Jag vill ha kontroll, vara väl förberedd och komma i tid till ett möte. Jag är bra på att betrakta och ta in andra och skaffa mig en bild av vilka de är och sätter mig ofta i ett hörn där jag kan få överblick. Telefonsamtal är till för korta meddelanden men mail och sms funkar då jag skriver och får svar i ensamhet. Jag vill ha få vänner och inte ens för dem vill jag vädra hela mig utan håller mig på avstånd. Jag tycker om samtal i mindre grupper där det finns en accepterad talordning. Några dagar med tom almanacka och inga möten gläder mig och då kan jag nästan maniskt ägna mig åt något som intresserar mig.

Jag växte upp under en tid då introversion premierades. I skolan skulle alla sitta tysta och lyssna till läraren, räcka upp sin hand och skriva sina prov. De introverta klarade sig bra och fick ofta höga betyg. Grupparbete visste ingen vad det var. Nu är allt tvärtom. Nu ska allt ske i grupp och det gäller att hävda sig och de extroverta vinner fördelar med högljudda röster. Kanske en vändning är på gång då många sitter i sin ensamhet vid datorn och skapar bilder, texter och spel.

Jag tänker på allt detta då jag går min morgonpromenad och sitter ensam på min vanliga bänk. En ensam grågås simmar bland alla gräsänder och tävlar med dessa om att låta högt, hest och grovt. Jag funderar över varför hen är ensam bland de skränande gräsänderna. Har hen flugit ensam från vintervistet i södra Europa? Mina tankar går vidare och jag funderar över om min upptagenhet och fascination av filosofi kan ha med min introverta läggning att göra. Filosofer står ju inte så ofta på barrikaderna utan tillbringar tiden i ensamhet med sina tankar. På hemvägen planerar jag att söka efter några av dem för att utröna hur de ser på ensamhet och självsamhet som Linus Jonkman kallar den positiva sidan av introversionen.

Sjuttonde stycket

Ensamhet som tillgång och plåga

Det finns ett helvete - att vara ensam.
Och ett himmelrike - att kunna vara det
Poul Bjerre

Året är 1580 på hösten och filosofen Montaigne sitter i tornet till sitt slott i Bordeaux. Rummet är ljust med tre stora fönster och väggarna fyllda med böcker. På takbjälkarna har han låtit rista in inskriptioner som han tagit från Bibeln och den antika litteraturen. "Allt är fåfänglighet", citerat från Predikaren, pryder en av bjälkarna. För tio år sedan drog sig juristen Montaigne tillbaka från sitt ämbete för att njuta sitt otium cum litteris. Hans avsikt var att tillbringa det liv han hade kvar, i vila, avskildhet och fullständig overksamhet. Men, skriver han, " sysslolöshet ger rastlöst växlande tankar och själen beter sig om en förrymd häst."Han började då skriva och myntade för första gången ordet essä (försök). Jag läser ett kapitel i hans Bok 1 Om ensamhet. "Syftet med ensamheten som jag ser det är ett och detsamma: att leva friare och mer behagligt,"skriver han. "Vi måste dra oss undan och återvinna oss själva," fortsätter han och ger många exempel på hur människor fäst sig vid sina ägodelar och strävat efter ära och ryktbarhet men förlorat sig själva. Hans råd är att inte eftersträva att världen ska tala om mig utan undersöka hur jag ska tala till mig själv! Förundrad lämnar jag 1500-talet och känner att Montaignes tankar bara bekräftar min egen syn på varför jag ofta söker mig till ensamheten.

Jag har skrivit förut om filosofer som vandrat ensamma. Nietzsche komponerade sina böcker på ensamma vandringar. Han skriver om hur rädda vi är för ensamheten och stillheten och bedövar oss med sällskapslivet. Huvudpersonen i Nietzsches bok Så talade Zarathustra lämnade sin hembygd då han var trettio år gammal och gick upp i bergen där han njöt sin ande och ensamhet i tio år utan att bli trött därpå. Rousseau vandrade likaså ensam hela livet och skriver i sin sista bok Den ensamme vandrarens drömmerier om ensamheten i naturen som hjälper honom överleva människors ondska. När jag tänker efter hittar jag många filosofer som haft ensamheten som kraftkälla. Den socialt obegåvade Wittgenstein skaffade en stuga långt uppe i de norska fjällen långt från människor, där han skrev sina filosofiska verk. För Kierkegaard var ensamheten en utgångspunkt för varje människas vandring genom Stadier på livets väg: det estetiska, det etiska och det religiösa.

Mina funderingar fortsätter och kanske är det inte så underligt att jag vänder mig till filosoferna för vägledning. Min introverta personlighet får hjälp att hitta sig själv med deras hjälp. I dagens romaner som för det mesta handlar om hur vi ska iscensätta våra liv på det yttre planet tillsammans med andra och hur svårt detta är och hur det ofta misslyckas, ger mig ingen vägledning. Att lägga det stora livspuzzlet med allt vad det innebär och få det att gå ut, är inte min verklighet längre. En gång försökte jag leva som den sociala, utåtriktade och kollektiva människa som man skulle vara men jag lyckades inte så bra. Min introverta personlighet drog sig ofta undan när kraven på närhet och sällskaplighet blev för stora. Det bidrog nog också till min skilsmässa i viss mån.

Nu är ensamheten en tillgång för mig men det har inte alltid varit så. Efter min skilsmässa och sjutton års äktenskap var ensamheten skrämmande. I min dagbok läser jag hur rädd jag var för att bli ensam, hur amputerad jag kände mig som om något fattades som varit fastväxt med mig. Det tog mig flera år att ta mig upp och börja leva igen. Det tog ännu längre tid innan jag började uppskatta min ensamhet. Det som alltid räddat mig är min starka handlingsförmåga. Jag måste alltid hitta på något, ta itu med något, kan inte sitta stilla och göra inget. Nu är min ensamhet en tillgång, en frihet att finna nya vägar, nya spännande upptäckter.

Ensamheten som en plåga skriver man mycket om i dag. Människor ligger ensamma och dör, många sitter ensamma i sina lägenheter och kan inte ta sig ut. Vårt individualistiska samhälle, där det mest gångbara ordspråket är: Sköt dig själv och skit i andra, uppmuntrar inte till gemenskap och omsorg om Den andre. Engelskan har två ord för ensamhet. Loneliness är ensamhet som isolering, ödslighet, tomhet och plåga medan ordet solitude betyder avskildhet och frivillig tillbakadragenhet oftast i positiv bemärkelse. Jag tänker mig att Henry David Thoreau i sin koja vid sjön Walden i Massachusetts i mitten av 1800-talet använde ordet solitude, när han talade om sin ensamhet. Dit har han dragit sig tillbaka, byggt sin koja, skriver och tänker och studerar hur svarta och röda myror utkämpar sina krig. Han kallar det sitt eremitprojekt, då han vill utröna vilka" de oundgängligaste livsbehoven verkligen är". "Tänk på vårt liv i naturen; dagligen upplever vi materien, vi känner den, vi rör vid den, vi står i ständig kontakt med den – klippor, träd, vinden mot vår kind! den stadiga jorden! den verkliga världen!" Så skriver han och jag instämmer där jag går i den tidiga morgonen och känner en gemenskap med naturen som jag sällan upplever med människor.

Artonde stycket

Meningen

Livet är summan av alla dina val
Albert Camus

Den allra första lilla duniga blåsippsknoppen skymtar mellan fjolårslöven. Jag ställer mig på knä och petar försiktigt undan några löv för att riktigt kunna se den lilla knoppen som ännu bara är några millimeter stor och svagt rosafärgad. För sjuttiofemte gången i mitt liv börjar livet på nytt i naturen och en varm känsla av hopp stiger upp inom mig. Jag har länge funderat på att skriva en text om Meningen med allt och läst åtskilliga böcker som mer eller mindre djupsinnigt och filosofiskt utvecklar den eviga frågan om meningen med livet. När jag nu står här på knä och betraktar livets återkomst i form av en blåsippsknopp, slås jag av den enkla tanken att detta kanske är meningen, livet ska levas så länge det finns, så länge naturen vaknar varje vår och någon slags uppvaknande även sker inom mig. Detta lilla ögonblick skänker mig ett svar men jag vet att jag ändå kommer att ställa mig frågan många gånger än och att svaret inte alltid är det enkla.

Livets mening har för mig och för de flesta andra ofta handlat om något stort, något utanför oss själva, någon slags plan som skall fullföljas. Ofta har det varit religionerna som utstakat målet med livet som att man kan komma till ett paradis efter döden om man skött sig enligt reglerna. Evolutionens recept är ju att vi ska reproducera oss för att människosläktet ska fortleva. Filosoferna har ända sedan antiken ägnat sig åt att skriva om meningen med livet.

Redan på 1960-talet läste jag boken Livets mening av Ingemar Hedenius. Nu går jag till bokhyllan och letar under H och där står den lilla gulnade Aldusboken, som jag inte öppnat på över fyrtio år. Vad skrev han egentligen? Han börjar med att bena ut olika betydelser av orden livet och mening. Mening kan betyda "nytta" ,skriver han och tar ett exempel, nämligen frågan om monarkin har en mening. Nej, den saknar mening enligt honom men är ett självändamål. Vad betyder då livet? Han skriver om det "stora livet", d v s summan av alla liv i universum. Har det någon mening? Nej, vi vet ju inte mycket om universum, om det är bra eller dåligt och här beror det på vem som talar, optimisten eller pessimisten. Men egentligen är meningen med universum ointressant, enligt Hedenius. Han ger också ordet mening betydelsen "värde" och talar nu om det lilla livet, varje människas liv. Har mitt liv varit nyttigt eller bara ett självändamål? Hedenius prövar frågan genom att fråga sig: skulle den del av verkligheten där jag verkat blivit sämre om jag inte varit till? Då har ju många liv haft en mening men andra inte som t ex Stalins och Hitlers. Livets mening i betydelsen mänsklighetens liv är att var och en gör sitt bästa, sörjer för andras väl, utvecklar sina goda anlag och bekämpar orättvisor och övergrepp, enligt Hedenius.

Jag läser några andra böcker från min bokhylla om Livets mening. Filosoferna Thomas Nagel och Lars Bergström verkar vara överens om att även om livet är meningslöst så är det inte något att bekymra sig över. Ett meningsfullt liv är detsamma som ett värdefullt liv, ett liv värt att leva. Vi tar oss själva på för stort allvar tycker de. En annan filosof Tulsa Jansson skriver t o m att vi har för litet meningslöshet i våra liv, att vi ska tillåta oss att ibland släppa på denna strävan att allt ska vara meningsfullt. Bristen på mening kan sägas komma ur bristen på meningslöshet, skriver hon.

Hur ska jag nu förhålla mig till detta? Om jag ska tro på dessa filosofer så behöver jag inte bekymra mig om vad som är meningen med mitt liv. Meningen är att leva. Problemet är att jag ändå ofta gjort det och fortfarande gör ibland. När jag sitter under Ornäsbjörken vid kyrkan på ön med tårarna rinnande och önskar att jag helst av allt skulle vilja vara aska på den lilla kullen framför mig, då är mitt liv helt meningslöst. Döden är den enda lösningen just då. Inga filosofiska spetsfundigheter hjälper i det läget. När jag däremot går på stigen mot Skavlöten och hittar blåsippsknoppen en morgon i solen, då finns en mening med allt liv, även med mitt och det

innebär att leva och försöka se det fina med att ha
fötts som människa på denna jord. Mellan dessa
ytterligheter har mitt liv rört sig.

Ofta har jag försökt leva efter Hedenius recept,
att göra mitt bästa, sörja för andra och bekämpa
orättvisor och övergrepp. "Duktiga" jag har alltid
försökt göra mitt bästa, kämpat för att andra,
min familj, mina vänner, mina elever och mina
medarbetare ska tycka att jag sett dem och gjort det
bästa för dem, även om jag ibland misslyckats. Dock
tror jag inte att verkligheten hade blivit så mycket
sämre om jag inte funnits till. När jag var liten ville
jag bli en världsförbättrare som Albert Schweitzer
som jag måste ha läst om någonstans. Jag skulle
hjälpa de svältande barnen i Afrika. Tidigt hade jag
kommit underfund med att vi alla är egoister och
bara tänker på oss själva. Jag minns att jag tidigt
träffade på ordet egoist någonstans och frågade vad
det betydde och att jag då kom på att jag själv var
en sådan. Om jag är snäll mot min mamma så är
det för att hon ska vara snäll mot mig. När jag varit
elak och sprungit upp på mitt rum, tog det inte lång
stund innan jag gick ner till mamma igen och bad
om förlåtelse. Allt vi gör handlar om att skaffa oss
själva fördelar, tänkte jag och var cynisk redan som
barn. Min världsförbättrariver berodde på att jag
skulle visa mig god i andra människors ögon och
även i mina egna.

Jag försökte en kort period med en mycket grund barnatro som jag lärde i skolan och söndagsskolan. Hemma talade ingen om gud. Om jag är en god människa kommer jag till himlen efter döden, sades det mig. Jag låg i min säng på kvällarna, knäppte mina händer och bad Gud som haver barnen kär. Meningen med livet var då att leva ett liv för Guds skull, fick jag veta. I tidiga tonår gjorde jag upp med religionens väg till mening. Visserligen blir det svårare då man inte kan rädda sig med någon gud eller något paradis men jag kan inte gå någon annan väg.

Jag hör om den svårt misshandlade kvinnan som söker hjälp på på socialkontoret men som får rådet att försöka ett tag till. I den fina villorna här i kommunen har många kvinnor det svårt då de måste dölja att deras män misshandlar dem. I en film från Indien skyller män som mördat kvinnor på att det var kvinnans fel! Jag går Sveavägen från Odengatan och räknar en vanlig förmiddag till tolv tiggare som sitter eller ligger på gatan med sin pappmuggar. Israelerna bygger en ny Berlinmur på palestinsk mark. Den islamiska staten IS mördar varje dag hundratals människor på det mest bestialiska sätt. I Syrien har 220 000 människor dödats i det pågående kriget. Den svenska skogen och tropiska skogar kalhuggs, isbergen smälter och haven blir soptippar, osv, osv.... Här sitter jag i den stora tryggheten och har inte på allvar utsatts för svåra lidanden. Viktor

Frankl skriver i sin bok Livet måste ha mening om Lidandets mening. Han om någon vet vad lidande är då han under en tid satt i koncentrationsläger. Han skriver om att "förverkliga det högsta värdet, att uppfylla den djupaste meningen, lidandets mening." Jag har svårt att ta till mig detta. Jag som inte har utsatts för svåra lidanden kan alltså inte uppfylla den djupaste meningen?

Frågan om hur jag ska förhålla mig till andras lidanden infinner sig ofta, nästan varje morgon vid tidningsläsningen. Det kanske är meningen att jag ska hjälpa till så gott jag kan, tänker jag och mitt världsförbättrarjag visar sig igen. Jag börjar arbeta med lokalpolitik, startar en studiecirkel om politik och miljö, går med i kvinnojouren, blir medlem i Naturskyddsföreningen, i Amnesty, i Rädda barnen, i Humanisterna och i Republikanska föreningen, då jag liksom Hedenius varken tror på gud eller kungen som meningsfulla inslag i världen. Jag blir volontär som talar svenska med vuxelever som kommer från andra länder. Jag stoppar pengar i fickorna då jag ska till stan för att ge till tiggarna och jag ger regelbundet bidrag till Läkare utan gränser och Unicef. Det låter väl bra? Jag är ju minsann ingen Albert Schweitzer men har mitt liv fått mera mening eller dövar jag bara mitt dåliga samvete?

Sisyfos var olydig mot gudarna och fick som straff att i evighet rulla en stor sten uppför ett berg varifrån den av egen tyngd rullade ner igen. Jag läste redan på 60-talet Myten om Sisyfos, en bok av Albert Camus och den ville jag läsa igen för en tid sedan. Den fanns inte i min bokhylla, fanns inte att köpa och inte att låna i mitt bibliotek här i kommunen eller på Stadsbiblioteket. Endast på Farsta bibliotek fanns ett exemplar. Tunnelbanan tog mig dit en solig dag och där fanns under D en liten tunn bok, smutsig och med gulnade blad. Jag började ivrigt läsa på hemvägen och hann nästan läsa ut den tunna boken innan jag kom hem. Ska jag leva vidare i denna meningslösa och absurda värld eller ska jag ta livet av mig? Detta är huvudfrågan i boken och det har också många gånger varit huvudfrågan för mig. Är självmordet en lösning på absurditeten? frågar Camus. Och vilka konsekvenser drar vi av att vi är dödliga? Absurd betyder enligt SAOL orimlig, förnuftsvidrig. Så har jag ofta tänkt om livet. Från början inte så medvetet men så småningom blev det en integrerad del av mitt tänkande. Ledan som tidigt dök upp i mitt liv var en del av detta. Den ena dagen följer på den andra och allt är grått och meningslöst. Det absurda uppstår i mötet mellan människans behov av mening i livet och själva livet som i sig är irrationellt och slumpmässigt enligt Camus. Men vi ska inte ta livet av oss, enligt Camus, då det absurda, om man är medveten om det, går att omforma till ett värde. "Människan är sitt eget mål. Och sitt enda mål. Om hon vill vara något så är det i detta liv." Man måste tänka sig Sisyfos lycklig, slutar Camus. Han är medveten om sin belägenhet och hans värld är klippan och han ska nå topparna varje gång och det fyller hans hjärta.

Jag parkerar bilen på gården till Gustav Adolfsskolan och går med tunga steg in i den pampiga byggnaden, som byggdes i slutet av 1800-talet som folkskola. Klockan ovanför porten visar på halv åtta. Jag noterar som vanligt orden Bed och Arbeta ovanför ingången, Ordning och Sparsamhet på ena flygeln och Lydnad och Flit på den andra. Dessa ord skapade under århundraden mening åt människors liv. Mina träskor klapprar mot stengolven och upp i trapporna till lektionssalarna. Ännu en likadan dag, en dag som alla andra. När jag väl släppt in eleverna och börjat lektionen blir det bättre. Jag har alltid fängslats av dynamiken i ett klassrum, när jag lyckats fånga eleverna och ett levande möte infinner sig. Dagen blir lång och slutar inte förrän vid sex-tiden efter flera lektioner och ett par sövande konferenser. Hem till familjen, som håller på att lösas upp och en orolig sömn. Samma nästa dag och nästa och nästa... Stenen rullas upp men faller ner igen och allt startar om nästa morgon.

Efter tolv år i Sundsvall bryter jag upp och flyttar ensam till denna stockholmsförort. Men stenen måste rullas även här. Nya jobb men när jag behärskar rutinerna griper ledan mig igen. Leda och långtråkighet infinner sig ofta hos mig. Det är när det blir någon slags tomrum, där allt är känt och inget ger ny stimulans, när nyfikenheten inte får något att undersöka. Jag känner mig sällan som den lycklige Sisyfos. Självklart är denna känsla ett lyxproblem som inte finns när dagen måste ägnas åt att överleva. Människor i yttersta nöd och djur känner inte leda.

Efter pensioneringen styr jag mitt liv och så snart jag blir uttråkad kan jag byta verksamhet. Och har bättre förstått Camus. Jag vaknar en bra dag och känner en glädje över att rulla stenen, när jag trampar fram runt sjön, som i morse var fri från is i norra ändan. Där stoltserar förnämt ett svanpar mitt i ett hov av änder, skrakar och sothöns. Jag ser en liten oansenlig fågel, som sjunger för full hals och tror att det är en gransångare, när jag kollat utseende och läte vid hemkomsten. Jag sitter vid min dator och mitt läsbord, går på föreläsningar och möten, äter lunch med mina vänner och somnar nöjd på kvällen, även om jag vet att stenen nästa dag kan kännas mycket tung och meningslös. Men utan meningslösheten ibland skulle jag inte veta hur mening kan se ut. Att leva för att leva med den dödliga sjukdom som kallas liv.

Nittonde stycket

Filosofi för livet?

Vad är ditt mål i filosofin? - Att visa flugan en väg ut ur flugfångsflaskan
Ludwig Wittgenstein

Jag sitter tillsammans med filosofen Montaigne i hans tornrum på slottet i Bordeaux och beundrar hans inskriptioner på takbjälkarna. Han berättar att han just denna vår på egen bekostnad gett ut två av sina essäböcker. Jag har läst böckerna och precis som han kan jag inte som pensionär vara overksam utan vill skriva men bara utifrån mig själv och för mig själv. Nu vill jag bl a tala med honom om han sätt att skriva men också om ett speciellt kapitel som han kallar "Att filosofera är att lära sig dö." Han skriver också "Den som lär människan dö lär henne leva och varför skulle man vara rädd att förlora en sak som man inte kan sakna när man förlorat den." Vi talar länge och jag går stärkt och målmedveten ut från slottet. Nu vet jag hur jag ska fortsätta. Jag är också sysselsatt med att göra mig förtrogen med döden och i det ingår att se tillbaka på min tid på jorden utan saknad men eftersom jag håller på att lära mig att dö så gäller det, som Montaigne skriver, att filosofera. Han var en av den första filosofer jag träffade för att få kunskap om livet och döden. Det kanske finns flera som kan ge mig vägledning?

Jag går min vanliga morgonpromenad. Det är en av mina riktigt svarta dagar och jag sätter mig på bänken i minneslunden vid kyrkan. Det är en vidunderligt ljuvlig morgon med fågelsång och ljumma vindar men jag kan inte ta in skönheten utan sitter instängd i mitt svarta hål. Nog vore det skönt att att slippa plågas av svartalferna, tänker jag och tankarna på självmord dyker upp men hur ska det gå till? Jag går igenom olika metoder alltifrån sömntabletter till att kasta sig framför tåget men jag är ju så feg. Hur ska jag våga? Och är självmord det enda rätta? Plötsligt sitter den unge filosofen bredvid mig på bänken. Nej, säger han på franska, visserligen är livet en absurd historia men självmord är inte receptet. Det är den attraktive Albert Camus som dykt upp på min bänk. Sartre var ofta svartsjuk på honom då han själv ansågs ful och inte hade kvinnotycke som Camus. Jag har just läst hans bok Myten om Sisyfos, där huvudfrågan är frågan om självmordet och vi talar om den. Om vi är medvetna om vår absurda belägenhet kan vi omforma det till ett värde, vi ska ta till oss det mörka, "lära känna natten," säger han. Han nämner en annan bok som jag också läst, Främlingen, där huvudpersonen inte förrän alldeles nära döden, i dödscellen kan känna lycka. Vi har en frihet att pröva alla livsmöjligheter och "livet ska inte levas som bäst utan som mest" och med livskänsla och lidelse, enligt Camus. Mitt plikttrogna liv är långt ifrån präglat av lidelse och lust men kanske kan jag ta till mig något av detta i min sista tid och släppa litet på plikten och kraven och leva en liten aning friare? Trots allt känner jag mig ändå styrkt när han plötsligt försvinner bakom kyrkan.

Nästa morgon är lika vacker och jag står nu högst uppe på höjden med en vidunderlig utsikt över havet. Jag ser vindkraftssnurran långt borta, annars är det skog och hav. Fortfarande är jag svart inombords även om tankarna på självmord har trängts tillbaka och jag oroar mig för allt jag måste hinna med under dagen. Jag måste in till stan för att handla mat till alla gäster som ska komma och bilen har uppfört sig konstigt sista tiden. Tänk om den inte startar! Jag måste laga mat, städa huset och bädda sängar åt gästerna. Det är nog bäst att jag vänder och inte går långa rundan i dag. Klockan är redan mycket. Tänk att jag alltid ska oroa mig så mycket även för småsaker! Varför kan jag aldrig njuta av stunden, av den vackra morgonen, av fåglarnas sång?

Jag kommer att tänka på en filosof som jag läste för en tid sedan, Henri Bergson och nu kallar jag fram honom där på stigen. Han är en liten tunn man med ett smalt ansikte, en välproportionerad och ädel huvudskål och lysande blå ögon. Han är lågmäld, talar långsamt och berättar nu för mig att det finns ett annat sätt att se på tiden än den astronomiska homogena tiden. Han beskriver för mig den inre tiden, la durée, motsatsen till klocktiden och rumtiden. Livet är inte dåtid, nutid och framtid i väl avgränsade ögonblick. Hela tiden förflyttar vi framtiden till det förflutna. Tiden existerar men finns egentligen inte. Vår vanliga klocktid är en mänsklig konstruktion för att vi ska kunna hantera vår vardag men den verkliga tiden är en inre tid, en flytande tid, ett vardande, en utveckling. Jo, jag förstår, säger jag men hur ska jag kunna nå det där flödet utan oro för tiden? Det handlar om intuition, säger han. Koppla bort klockmedvetandet och koppla på intuitionen i stället för den vanliga vetenskapliga metoden! Det finns ett hopp i Bergsons filosofi som verkligen skulle behövas i dag när vi jagar efter klockan och utbrändhet är den vanligaste folksjukdomen. Han lämnar mig och jag fortsätter min promenad, försöker att inte tänka på klockan och att ta in havet och himlen intuitivt.

Några veckor senare är jag hemma igen och går till centrum för att fylla på kylskåp och skafferi. Utanför centrum sitter kvinnan som suttit där länge nu men jag har inga pengar i fickorna utan hastar med nedslagna ögon förbi. Då ser jag, att bredvid den tiggande kvinnan sitter en man som jag känner igen från filosofiböckerna. Det är Emmanuel Lévinas, den litauiske filosofen med judiskt påbrå, som menade att etiken är den första filosofin. Han sitter mitt emot kvinnan och talar ivrigt med henne. Jag lyssnar och förstår att han tillämpar sin egen filosofi i verkligheten. Hela hans släkt förintades i koncentrationsläger och han motarbetade hela livet totalitarismen i alla dess former.

Hans filosofi utgår från den Andre, som gör mig till den jag är och som visar sig i form av ansiktet, som talar inte bara med språket utan också med gester, miner, ögonspråk osv. Då jag möter den Andres blick kan jag inte undkomma, jag får ett ansvar för den Andre. Ansiktet säger att Du ska inte bruka våld, Du ska inte döda. En etisk relation uppstår.

Jag har förundrats över hur ofta jag undviker att titta människor i ögonen, när jag inte vill bli störd, inte vill ta in den andra människan. Det kan ske på min morgonpromenad när jag sänker huvudet när jag möter någon, när jag möter tiggaren eller på tunnelbana när jag vill vara för mig själv. En äkta relation kräver ögonkontakt. I den verksamhet som jag ägnat mig åt, utbildning och pedagogik vet jag att jag måste se eleverna, måste ta in dem, måste se dem i ögonen. Lärare som föreläser med blicken ut genom fönstret når inte fram. Det handlar om att förändra sin roll, att öppna sig, att ta risker. Det utmärkande för vår tid är ju att vi inte behöver möta den Andres blick då vi kommunicerar via internet och då kan rädslan och hatet blomma ut. De gånger man konfronterar näthatarna med hatobjektet den Andre, har de inte stått för sina uttalanden. När jag kommer ut från affären har filosofen försvunnit och jag går fram till kvinnan, ser henne i ögonen och säger hej. Det känns inte så förnedrande längre när jag lägger några slantar i hennes mugg. Jag har sett henne som medmänniska då jag mött hennes blick.

Varför vänder jag mig till filosofer för att lära mig något om livet? Vore inte t ex teologer, psykologer eller forskare naturligare? Nej, inte för mig. Teologers vägledning är mig helt främmande. Redan på 1960-talet tog jag avstånd från tron på en gud, då jag läste filosofen Ingemar Hedenius bok Tro och vetande. Jag har också försökt få livskunskap av psykologin men ofta hamnat på villovägar, inte känt mig hemma. Psykologerna har inte riktigt lyckats nå mig och klara ut mina livsproblem. Den empiriska vetenskapen ger mig heller inte svaren. Jag instämmer med Wittgenstein som skrev: "Vi känner att till och med om alla möjliga vetenskapliga frågor blivit besvarade, så har våra livsproblem alls icke blivit berörda." Filosoferna ger min hjärna utmaningar men också i förlängningen hjälp med min livsfilosofi, får mig att undra, att tvivla och ger flera frågor än svar men handlar om hur jag ska leva, hur jag vill leva och varför. Filosofi handlar som bäst om vad det innebär att vara människa. Jag tolkar också deras läror hur jag själv vill. Det finns inga rätt eller fel.

Tjugonde stycket

Att leva med döden

*Tröskeln mellan liv och död är det bestående
ögonblicket*
Lars Norén

Han är ju döende, tänker jag när jag kommer in i
det lilla rummet på Karolinska sjukhuset och ser
min gamle vän sitta i en stol vid fönstret. Han är
bara skinn och ben och huden är alldeles full av
stora blåmärken. Ansiktet är magert med ögonen
insjunkna i sina hålor och med en näsa som blivit
allt större.

– Hej, säger jag, hur är det?
– Inte bra, säger han, jag får ingen hjälp här och nu
vill de skicka hem mig igen.

Han börjar berätta en lång historia om alla sina
sjukdomar och plågor och om den sjukvård som
verkar ha kollapsat helt. Jag har förstått att han inte
längre kan prata om något annat och jag har hört
samma historier många gånger förut. Det enda han
vill, är att jag sitter där mitt emot honom och lyssnar,
kanske ställer en fråga någon gång. Bredvid honom
på det lilla sängbordet står en tallrik med något
odefinierbart innehåll, en gulgrå röra med en sked i.

– Har du ätit något, frågar jag.

– Orkar inte, säger han, och jag får aldrig mat som jag kan äta.

Efter en halvtimme faller han ihop på stolen och säger att han måste få hjälp att lägga sig. Jag går ut och får tag på en kvinna i korridoren. Hon kommer in och nu ser jag att hans blick är grumlig och han verkar inte helt medveten om att jag är där. Jag tar tag i hans ena hand som har fullt med kanyler på ovansidan, säger hej och försöker nå hans blick men den är inte där.

Två dagar senare ringer hans dotter och berättar att han är död. Trots att jag är beredd sitter jag där med telefonen i handen en lång stund. En 40 år lång epok i mitt liv är slut. Så länge har vi känt varandra som arbetskamrater, resekamrater, ambulerande föreläsare om läroplaner och vuxenutbildning, konsert- och teaterbesökare och som diskussionspartners. Hetsiga diskussioner om livet, politiken, litteraturen, pedagogiken och allt annat har vi fört över krogborden i Sundsvall, Vansbro, Stockholm, Berlin och åtskilliga andra städer på våra resor. Jag har följt honom genom tre av hans förhållanden och lärt känna hans kvinnor. De finns inte längre kvar i hans liv eller vid hans död men vår vänskap har hållit i sig. Hur kommer det sig? tänker jag. Är vänskap starkare än kärlek?

Hans döttrar har bett mig säga några ord på minnesstunden för honom och jag plockar fram mina fotoalbum där han förekommer ganska ofta. Det är bilder från vår gemensamma arbetsplats Gustav Adolfsskolan i Sundsvall på 70- och 80-talen. Vi var båda studierektorer och lade schema på sommaren. Här sitter vi ute i parken vid skolan tillsammans med administratörerna och det verkar vara ett glatt gäng. Vi skrev en bok tillsammans med andra utbildare och sitter hela gänget utanför ett pensionat på Åland en vacker sommardag. Han står stöddig i shorts med en just öppnad surströmmingsburk på altanen utanför min brors hus, som jag lånade en sommar. Det finns åtskilliga bilder från krogbord, i Dubrovnik, i Vansbro, i Berlin och Stockholm. Det är jag som haft kamera och som tagit alla bilder så själv är jag inte ofta med på bilderna.

Jag vill gärna läsa en dikt på minnesstunden och plockar fram alla böcker jag har av Göran Sonnevi som var en favorit för oss båda och upptäcker att en av böckerna har jag fått av min vän med handskriven dedikation "Trots allt... Julen- 81" Han hade en närmast oläslig handstil, vänsterhänt som han var och skrev ogärna för hand. Jag vet genast vilken dikt jag ska läsa:

> *"Det är svårt att reparera*
> *men det måste gå*
> *Annars kunde vi lika gärna gå och dö*
> *allesammans"*
> **Ur fem dikter maj 1968**

Den läste vi många gånger och jag kan den nästan utantill.

Under det senaste året har jag ofta påmints om döden och då också börjat tänka allt mera på min egen död. En väninna lika gammal som jag, dog för några månader sedan och flera gamla arbetskamrater finns inte längre. Författare som följt mig genom hela mitt vuxna liv är borta. Göran Palm, Lars Gustafsson, Bodil Malmsten och Tomas Tranströmer försvann nyligen och många andra från min generation som Göran Tunström, Sonja Åkesson, Andre Brink, Sven Delblanc och Werner Aspenström finns inte längre. Det som var min värld är borta. Dagens värld är inte min. Jag känner inte längre någon hemkänsla när jag läser tidningar och ser på TV. Dagens idoler och kändisar är inte kända för mig.

Jag kan inte sörja Prince, har ingen relation till honom. Elvis Presley är död för länge sedan. Abbas medlemmar lever ju fortfarande men var inte min musik, skulle aldrig besöka deras museum på Djurgården. En dag i veckan presenterar DN dagens musik och jag känner knappast någon, hoppar över sidorna. TV-spel har jag ingen erfarenhet av heller. TV-programmen lockar mig sällan, såpor av olika slag, tävlingar, matlagning för att inte tala om spektakel som melodifestivalen. Och nu åtskilliga tidningssidor och TV-program för att hylla kungen som fyller 70 år. Att skriva på min blogg gör att jag får utlopp för min aktuella frustration. Ofta får jag idéer till mina blogginlägg då jag tar mina dagliga promenader.

Min främlingskänsla i dagens verklighet är ett tecken på att jag levt ett långt liv och att jag snart inte hör hemma i denna sköna nya värld. Det är alldeles naturligt. Frågan är bara hur jag ska hantera frågan om min förestående död? Jag är minsann inte ensam om att ställa den frågan. Att filosofera är att lära sig dö, skriver Montaigne på 1500-talet och det tolkar jag som att filosofera över döden för att lära sig leva. - Vi ska lära oss möta döden med fasthet och slåss med den, umgås med den och bli förtrogen med den, skriver Montaigne. Att dö är slutmålet, dit strävar livet. Att leva är att förbereda sig på att dö. Det är en övning i att föras bort från sådant, som man räknat som sitt. Döden är ingen kalamitet, utan det är kulmen på livet, skriver Lars Gyllensten i Sokrates död.

När jag har befunnit mig långt nere i det svarta hålet har jag ofta velat bli fri från livet och dö på ett enkelt sätt så snart som möjligt. Livet har inte varit värt att leva. Nu när jag sitter på locket till det svarta hålet och bara anar mörkret där under, vill jag leva en tid till. Det gäller för mig att hantera detta, att förbereda mig men framför allt att ta vara på den tid som är kvar. Torbjörn Tännsjö har skrivit en bok om döden, Filosofins tröst, där han tycker att livet är värt att leva och att döden berövar oss glädjen men att vi måste vara nära livet för att orka dö. Eftersom inte han, och inte heller jag, tror på något liv efter detta för han fram det vardagliga, vår vardag, som en motvikt mot döden. Här möter jag honom och tänker på min vardag och på de glädjeämnen som ger min vardag liv och vilja att leva vidare. Det är där jag ska anstränga mig för att vara i livet så länge jag kan och njuta av det.

I går hamnade Zygmunt Baumans bok Döden och odödligheten i det moderna samhället på min dörrmatta. Han skriver om döden och dödligheten som den viktigaste källan till livets mening. Hur menar han då? Så här skriver han: "Vad de mänskliga dödliga beträffar är de medvetna om att de inte är odödliga; det är detta som gör varje ögonblick både fruktansvärt och underbart, förvandlar varat till handling och existensen till syfte och uppgift."Han skriver också att det är människans medvetenhet om döden som skapat den mänskliga kulturen. Den ständiga dödsrisken är grunden för kulturens skapande. Själva existensens beständighet har sin grund i utbytet av individer där var och en har sitt bidrag att ge. Om alla människor skulle leva ett evigt liv och reproducera sig som nu, skulle jorden bli överbefolkad och omöjlig att leva på ganska snart.

Tjugoförsta stycket

Väder

Man ska vara glad att det är väder överhuvudtaget
Pippi Långstump

Det smattrar på busskurens tak och kalla vindar snor runt benen tillsammans med höstlöven.

– Vilket ruskigt väder vi har fått! säger jag till kvinnan med rullatorn som står bredvid mig.
– Ja, helst skulle jag inte vilja gå ut men jag måste in till centrum för att hämta min medicin, säger hon.

Hon bor i mitt hus och jag har ofta sett henne men inte förrän nu talat med henne. Jag har sett att hon har svårt att gå och tänker att om något år kan jag också behöva rullator. Hon har hemtjänst någon timma per vecka men är annars ensam.

– Vi kanske kan hjälpa varandra, säger jag, innan bussen kommer.

Prat om vädret kan bli till mycket annat, för alla kan vi ju säga något om detta. Kanhända att vårt lilla möte i busskuren kan leda till att vi kan lära känna varandra bättre. Jag umgås inte med någon i huset och har ibland tänkt att det vore både praktiskt och trevligt att ha någon vän så nära.

Nästa morgon vaknar jag svart inombords. Det beror nog på att jag drömde något otäckt men har glömt vad det var. Genom fönstret ser jag att solen håller på att gå upp och en blick på termometern visar på nollgradigt. Jag skyndar mig på med gångkläderna. Solen går upp och bländar mig då den ännu är så låg . Det ligger en tunn dimma över sjön och åkrarna är alldeles vackert vita av rimfrost för första gången denna höst. Många träd är nu alldeles kala och döda löv rasslar runt fötterna. Rönnarna är lövlösa men fulla med rönnbär och jag stannar för att betrakta skatflocken som akrobatiskt rör sig i trädet och slukar så många rönnbär de orkar. En trast försöker tävla med skatorna om rönnbären med blir bortjagad. En ung svan som fortfarande har sin bruna dräkt dyker ideligen i vattnet efter mat och jag tittar mig omkring för att se var föräldrarna är men ser inga andra svanar. Har ungen kommit bort från de andra i familjen som jag sett tillsammans så många gånger?

Jag går längre än vanligt denna vackra morgon och i backen där många lönnar växer, täcker en gul matta av lönnlöv stora delar av marken. Vattenpussarna är täckta av tunn is och jag kan inte låta bli att trampa på isen så att det knakar och blir till mönster, så som vi gjorde som barn. Efter drygt två timmar är jag hemma igen och jag ser i spegeln i hissen att jag fått färg i mitt bleka ansikte och de svarta slöjorna inombords har sjunkit undan en smula. En morgon med härligt väder kan göra skillnad men det kan vi inte själva bestämma för vädret kan vi inte styra. Det mesta kan vi åtgärda men vädret kan vi inte göra något åt, det blir som det blir. På något sätt känns det befriande. Allt kan manipuleras och människans uppfinningsrikedom är outtömlig, men vädret gör som det vill.

Vädret har alltid varit centralt i människors liv för utan vädret skulle vi inte finnas. Vår tillvaro rör sig ofta runt vädret och vi vill gärna veta hur det blir framöver. Nu kan vi med vetenskapens hjälp få veta vädret några dagar framåt men förr letade man tecken i naturen och fortfarande i dag kan vi säga sådant som: När man drömmer om någon som är död blir det regn eller När katter och hundar äter gräs blir det regn.

Vi skulle inte kunna leva på denna planet utan väder. På månen finns inget väder. När vår blå planet bildades för 4,6 miljarder år sedan ur ett moln av gas och stoft från den unga solen fanns ingen atmosfär och inget väder. Det är bara under de senaste 2 miljarder åren som det funnits atmosfär med syre och kväve runt jorden. Utan denna atmosfär hade inte några levande varelser kommit till. Det tog dock tid innan homo sapiens kom för 200 000 år sedan. Vi märkvärdiga varelser har alltså bara funnits en liten bråkdel av jordens tid. Men vi är sårbara då atmosfären runt vårt klot är mycket tunn, bara som ett äppelskal i förhållande till klotets storlek. Det gäller att hålla det intakt och det är detta som vi inte klarar av längre, då vi långsamt förstör regnskogarna, haven och luften med allt som vi anser oss behöva för att kunna leva. Snart har vi mer av det materiella än vi behöver men har förstört vår atmosfär och vädret löper amok med orkaner, värmeböljor, iskyla och störtregn.

Jag hörde i går kväll en professor berätta om vårt väder, vår klimatkris. Koldioxidhalten i luften ökar hela tiden, temperaturen ökar, glaciärerna och isen på Arktis smälter. Han menade dock att vi om vi verkligen vill, kan vi göra något åt krisen men det handlar om att avstå och det handlar om politiskt mod. Vår planet har funnits mycket länge och kommer att finnas länge till men vi kan mycket väl utrota oss själva på kort tid om vi inte tar itu med vårt väder.

Ibland är det skönt att få perspektiv på sitt lilla korta liv på denna planet. Det blir lättare att uthärda de svarta stunderna när jag vet att det snart tar slut. Då kan jag leva på ytan till vardags och försöka inbilla mig att jag betyder något. Det stora skeendet har fått mig att fundera över vädret som är beviset på att jorden ännu fungerar och jag upptäcker att jag och vi alla lever med och ibland mot vädrets skiftande yttringar. Vackert väder får oss på bättre humör men kan också då vi själva inte motsvarar det vackra få oss att må riktigt dåligt.

En höstdag med klar hög luft, ljumma vindar och sol. Picknick med vin och kyckling i Hagaparken. Jag hade ensam flyttat och börjat mitt nya jobb. Ensamhet och återkommande depressioner. Två gamla vänner från förr hälsade på och jag försökte leva upp till bilden av mitt nya spännande liv. Jag försökte verkligen men efter en halvtimme gick det inte längre. Den ultimata idyllen med ljuvligt väder, vin och vänner blev för mycket för mitt svarta inre. Att må dåligt i regn och storm är uthärdligt men när kontrasterna mellan det yttre och det inre blir för stora, blir det outhärdligt. Jag åkte hem och kröp ner under en filt, drog ner persiennerna mot solen och de svarta fick härja fritt.

I mina minnen finns ofta vädret med som illustration då händelser dyker upp. I barndomen var det alltid vackert väder. Fort upp ur sängen varje sommarmorgon och ut i solen. Vintrar med den vita snön och skidorna spändes på. En eftermiddag ensam med mina bröder då mor och far var borta. Åskan dundrade och eldklot sprutade ut ur elkontakterna. Vi satte oss vid bordet mitt på golvet som vi lärt oss och höll varandra i händerna. Under kärlekens första tid sken solen på dagen och månen speglade sig i havet på natten. Vi gick hand i hand tidiga vackra vårmorgnar efter att ha pluggat hela natten. Året efter skilsmässan var alltid vädret grått och tungt att bära. Det stormade ute och där inne. Svartalferna inombords dolde havets skönhet en vårmorgon vid sommarhuset Natten med storm och höga vågor som slog mot stranden passade bättre.

Det är den 9 november 1989. Det regnar och blåser men jag måste åka till Vansbro, min far fyller 80 år dagen därpå och jag har förberett ett firande av honom. När jag kommer en bit norr om Västerås börjar vindrutetorkarna krångla och jag ser dåligt då det regnar ganska hårt. Jag lyssnar på radio som alltid och på rapporterna från de kaotiska händelserna i östra Europa. När jag närmar mig Borlänge brister nästan rösten på reportern i Berlin, när han berättar om hur människor jublande släpps igenom muren. Tårarna rinner över mitt ansikte i takt med regnet på vindrutan och den enda fungerande vindrutetorkarens svischande. Något riktigt stort har hänt, något som ingen trott skulle kunna ske. Det finns kanske hopp och jag gråter av glädje hela vägen till Vansbro medan regnet blir allt häftigare och jag ser allt mindre genom tårar som rinner liksom regnet på vindrutan.

Min son Jojje och jag kör i min gamla Opel Corsa genom ett grått och regnigt Tyskland. Det är den 28 december 2004 och vi har bestämt att vi ska fira nyår i Berlin. Väl framme vid hotellet äter vi en god middag och sover gott. Morgonen därpå är inte lika bra för då kan jag inte stå på mina ben. Min dåliga rygg har tagit stryk av den långa bilfärden och nu är det bara sängen som gäller och jag ligger där i två dagar och tittar ut genom ganska smutsiga fönster på en vägg fylld med graffiti. Det är dock inte graffitin som upptar mig under de där dagarna i hotellsängen utan det fruktansvärda skådespelet på TV:n. Jag lär mig snart ordet tsunami och mina egna bekymmer förminskas till nära noll när jag så småningom inser omfattningen av katastrofen i Sydostasien. Under två dagar följer jag det fruktansvärda från min säng. Jag ser växelvis på regnet och gråheten på den graffititäckta smutsiga muren och de fasansfulla bilderna i TV-rutan. Jag har ingen makt över något, inte över min dåliga rygg, inte över det trista hotellrummet och gråregnet därute och absolut inte över jordklotets konvulsioner.

Så obetydlig på det stora klotet i det oändliga universum. Övervärderar ibland min egen betydelse. Morgonen är svart utanför fönstren. Det verkar dugga därute men jag måste ut. Sju grader varmt. Tar jackan med huvan och sätter lurarna på huvudet. Ingen människa syns till och de flesta fönster är svarta. Tar vägen mot Kråkudden. Det blåser hårt nere vid havet. Solen har inte synts på flera dagar och gråheten har ätit sig in i hela mig.

Orden kommer i mitt huvud:

Snart

innan jag krossas av stormen

livet rinner ut.

Allhelgonadagen. Faurés requiem,

Tranströmer. Söker gråten

förgäves.

Människor dör på Medelhavet,

Mördas i Syrien. Flickor kidnappas

och våldtas.

Snart kan jag gråta.

”Ge upp hoppet!” säger Åsa Gennvall i Babel. Jag prövar rådet och bördan lättar. Jag kan diffust skönja konturerna av en framtid utan hopp. Ser ut i mörkret och inget krävs av mig, ingen mindfulness, inga positiva målsättningar, inga käcka aktiviteter mot depressionen. Jag kan grotta ner mig i mitt mörker utan samvetskval. Jag behöver inte tänka positivt!

"I som här inträden låten hoppet fara!" står det ovanför porten till Helvetet i Dantes Divina Commedia. Dante känner sig osäker men följeslagaren Vergilius menar att det så skall vara för alla syndare. Och de vandrar genom alla de fasansfulla kretsarna, genom Skärselden och slutligen till Paradiset men dit får inte Vergilius följa med då han inte är kristen och inte jag heller för jag tror inte på Paradiset men kanske på ett lugn före döden om jag tar mig igenom både helvete och skärseld. Utan att hoppas för mycket tror jag att våren kommer tillbaka en gång till. Det är ju inget som jag kan påverka. Vilket väder det än blir gäller det att försöka leva ett tag till.

Tjugoandra stycket

Nytt tänkande och görande?

Filosofin är oskiljaktig från det autobiografiska
Lars Norén

Jag sitter här i min stol och läser i en tjock bok med rubriken Tusen platåer skriven av filosofen Gilles Deleuze och psykoanalytikern Felix Guattari år 1980. Den är tung och grå och 855 sidor. Hittills har jag tagit mig igenom den första platån som har rubriken Rhizom. Jag ska skriva en uppsats om Deleuze, som anses som en av de mest inflytelserika filosoferna under 1900-talet men också en av de svåraste.

När jag ägnat många dagar och timmar åt att försöka förstå vad han vill säga, märker jag dunkelt så småningom att jag kan koppla hans filosofi, hans beskrivning av människan i världen till den text jag just skrivit om mig och min ungdom. Hela mitt liv har styrts av föreställningar, konventioner, traditioner, regler och lagar skrivna eller oskrivna. När jag läser min egen text märker jag att jag hela tiden stött emot väggar som stoppat mig. Så kan man inte göra, det där är fel, gör om det där, du måste veta din plats, rätta dig efter vad som är bestämt osv. I stället ska man enligt Deleuze ägna sig åt ett nomadiskt tänkande där vad som helst kan hända.

Det finns ingen identitet som Platon påstod utan allt är skillnad, en process av fortgående skapande enligt Deleuze. Det gäller att kasta tärningen utan att veta vad numret blir. Frågorna om livet kan inte besvaras med ideal, föreskrifter eller så ska det vara. Det är en filosofi som bjuder in, som öppnar, som tar oväntade vägar. Jag kan inte ändra det liv jag redan levt men jag kan använda det nya tänkandet, det skapande tänkandet utan rädsla till att förändra de få år jag har kvar att leva. Alla möjligheter finns, alla öppningar. Det gäller bara att våga.